Lumière sur l'hindouisme

KIREET JOSHI

Discovery Publisher

Landmarks of Hinduism
2002, ©The Mother Institute of Research
All rights reserved.

Pour l'édition française :
2021, ©Discovery Publisher
Tous droits réservés.

Aucune partie de ce livre ne peut être reproduite ou utilisée sous aucune forme ou par quelque procédé que ce soit, électronique ou mécanique, y compris des photocopies et des rapports ou par aucun moyen de mise en mémoire d'information et de système de récupération sans la permission écrite de l'éditeur.

Auteur : Kireet Joshi
Préface : Christine Devin
Traduction : Pauline Arassus
Relecture : Christine Devin

616 Corporate Way
Valley Cottage, New York
www.discoverypublisher.com
editors@discoverypublisher.com
Fièrement pas sur Facebook ou Twitter

New York • Paris • Dublin • Tokyo • Hong Kong

Table des matières

Préface — 3
Repères dans l'hindouisme — 13
    I. L'âge védique — 13
    II. Signification profonde des Védas — 14
    III. L'âge védique et les Upanishads : la formation de l'âme spirituelle de l'Inde — 18
    IV. L'âge postvédique : intellectualité et vitalité solides — 21
    V. La période purano-tantrique : deuxième phase de l'hindouisme — 25
    VI. Troisième phase de l'hindouisme — 28
    VII. La renaissance — 29
    VIII. L'esprit de synthèse — 30
Les caractéristiques notables de l'hindouisme — 35
Les Védas à la lumière de Sri Aurobindo — 45
Les éléments poétiques des Védas — 61
Les divinités dans les Védas et les Puranas — 69
Les Védas, les Puranas et au-delà — 75
Tradition védique et crise contemporaine — 86
Sagesse antique de l'Inde et défis contemporains — 95
La science du yoga et le yoga védique — 105
Les idéaux éducatifs védiques et leur pertinence actuelle — 113
    I. Notre quête contemporaine — 113
    II. Le savoir védique — 113

III. Le système éducatif védique	117
IV. L'utilité du système d'éducation védique de nos jours	121
La Bhagavad-Gîtâ et la crise contemporaine	127
La philosophie védique du dharma	140
Le concept du dharma : réflexions sur ses applications dans le processus contemporain de reconstruction sociale	153
Le message de la culture indienne	165

Lumière sur l'hindouisme

KIREET JOSHI

Préface

À l'heure où l'on parle souvent de l'hindouisme, et pas toujours de façon éclairée, et pas toujours pour les bonnes raisons, le lecteur français appréciera de trouver ici un livre qui lui en donne une vue, à 360 degrés pourrait-on dire. Le cercle part des Védas, dont la date se perd dans la nuit des temps, de leurs découvertes et de leurs grands poètes visionnaires appelés Rishis, pour aboutir au XXᵉ siècle avec Sri Aurobindo, lui aussi poète visionnaire, lui aussi Rishi, et lui aussi découvreur et explorateur de nouveaux continents, ces mêmes continents que les sages védiques n'avaient sans doute fait que toucher.

Nul n'était plus qualifié que Kireet Joshi pour nous faire faire ce tour d'horizon magistral.

Non seulement il avait une profonde et large compréhension de la culture littéraire, philosophique, historique, religieuse de son pays, mais il avait une connaissance intime de la langue dans laquelle tous les textes anciens, fondements de la culture indienne, furent écrits (ou plutôt récités) : le sanskrit. Une langue qui est davantage qu'une langue, pourrait-on dire, car elle est elle-même connaissance sacrée, et voie d'accès royale pour pénétrer la vraie signification de concepts qui, autrement, peuvent rester mystérieux ou mal compris même pour le plus intelligent des intellectuels. Oui, une connaissance intime, car pour lui le sanskrit n'était pas langue morte, il le parlait, et on l'apercevait de temps en temps qui s'entretenait en sanskrit avec certains de ses amis.

Ensuite, Kireet Joshi était un professeur né. Il était dans sa nature de conter, d'expliquer, de répondre à toutes les questions, inlassablement, d'éclairer, d'analyser, de synthétiser. On lui demandait des conseils ; il ne répondait pas en donnant un conseil ; il brossait une image de la situation, embrassant tous les points de vue, puis il montrait les principes qui s'affrontaient là, ce qui était en jeu. C'était à l'interlocuteur de faire son choix. Tous ceux qui l'ont approché, enfants ou adultes, savent qu'il ne cessa jamais d'être un guide et un passeur de connaissances. Kireet Joshi occupa un poste important au ministère de l'Éducation à New Delhi pendant de nombreuses années ; il disait qu'il voulait faire quelque chose pour les enfants de l'Inde ; son cœur saignait pour ces élèves trop souvent massacrés par un système d'éducation abrutissant, basé sur le « tout par cœur », sur les examens, en toute méconnaissance des besoins de l'enfant.

Enfin et surtout, Kireet Joshi avait une connaissance phénoménale des œuvres et de la pensée de Sri Aurobindo. Il l'avait découvert très jeune, lisant trois fois de suite avec enthousiasme la *Vie Divine*, et puis on peut dire qu'il ne l'a plus jamais quitté, de même qu'il n'allait jamais nulle part sans serrer un de ses livres sous le bras. Plus tard, en 1956 il entra à l'ashram de Sri Aurobindo et s'y occupa d'éducation, guidé à chaque pas et conseillé par la Mère.

Donc pour parler de la civilisation indienne, Kireet s'appuie sur les textes de Sri Aurobindo. En fait, il n'est pas une ligne, pas un paragraphe de ce livre qui ne se réfère pas d'une manière ou d'une autre à un passage d'une de ses œuvres. D'ailleurs, il a toujours été de tradition en Inde que des savants, des intellectuels, des philosophes ou des religieux écrivent des « commentaires » sur des œuvres importantes pour les éclairer, les analyser, pour en expliquer ou en approfondir un extrait, ou pour en donner une interprétation basée sur leur propre connaissance et leurs propres expériences. Donc ce livre est une sorte de « masterclass » de Kireet Joshi sur les œuvres de Sri Aurobindo et particulièrement sur les cinq suivantes : *Le Secret du Véda, Hymnes au Feu Mystique, Essai sur la Gita, les Upanishads,* et *les Fondements de la Culture indienne.*

Pourquoi, me direz-vous, toujours parler de culture ou de civilisation indienne alors que ce livre est censé porter sur l'hindouisme, c'est-à-dire sur une religion ? Mais c'est que le mot même de « hindou » au départ ne désigne pas du tout l'adepte d'une religion. Il désignait le peuple qui vivait sur les terres du fleuve Indus, un peuple qui avait une certaine façon de vivre, certaines coutumes, certaines pratiques religieuses. Ce n'est que beaucoup plus tard que le mot servit à distinguer ce peuple avec sa culture, des Turcs ou des envahisseurs musulmans. Et c'est encore beaucoup plus tard qu'il prit un sens plus étroit se référant à une religion particulière. Mais l'hindouisme dans ce livre est synonyme de culture indienne, une culture qui embrasse d'innombrables formes religieuses, d'innombrables coutumes, d'innombrables croyances, d'innombrables systèmes de pensée et systèmes de sociétés.

Et là, il est vrai que sans la lumière de Sri Aurobindo, on a du mal à s'y reconnaître dans cet univers touffu à l'inimaginable complexité. Sans fil conducteur, à cette multitude de sectes religieuses, d'organisations sociales, de traditions empilées les unes sur les autres, on peine à trouver un sens, et le nombre même d'éléments à prendre en compte est si grand qu'on a tendance à se décourager. C'est comme lorsqu'on se trouve face à un gopuram, ces tours monumentales des temples du sud, où se superposent les différentes terres et les différents cieux de la cosmogonie hindoue. La profusion de figures, de décorations, de sculptures est telle, et elles sont si serrées les unes contre les autres, l'espace entre elles est si réduit, c'est un tel jaillissement de partout, qu'on ne sait plus où regarder, on ne comprend plus rien à cette débauche de richesses, on ne sait plus où est le dieu, où est le démon, pour tout saisir on aurait besoin de quatre visages avec quatre paires d'yeux, comme Brahma, le dieu créateur. L'esprit occidental aspire à un peu d'espace vide, quelque interstice au moins pour y poser le regard tranquillement et éviter d'avoir le tournis; transcription visuelle assez juste du monde de l'hindouisme.

Pour entrer dans ce monde, il nous faut une clef; pour donner sens à ce labyrinthe, il nous faut le fil d'Ariane. Et ce n'est pas assez de remarquer que la mentalité indienne a tendance à toujours faire une synthèse, que la culture indienne est syncrétique par nature. Oui, sans aucun doute, et tout visiteur même occasionnel aime à observer qu'un marchand de Pondichéry par exemple, lors de sa prière matinale dans son échoppe peut brûler de l'encens devant diverses images placées côte à côte : Venkateshwar (un aspect de Vishnou), la Mère, un gourou sikh, la Vierge Marie, un saint soufi, et même quelquefois un personnage prônant l'athéisme.

Synthèse, oui, mais encore? En quoi consiste le génie de l'Inde? Quelle force centrale a permis à cette culture de survivre pendant des milliers d'années, alors que toutes les autres civilisations antiques gisent aujourd'hui dans leur tombe? Quelle est donc cette civilisation assez large pour contenir à la fois le dépouillement des stupas bouddhistes et le foisonnement des temples du sud, le renoncement du moine errant et les étreintes voluptueuses de Khajuraho, l'œil malicieux de l'apsara et le sourire extatique des bouddhas de pierre, l'idéal de l'ascétisme et l'idéal de l'opulence ? Quel est cet esprit, assez vaste pour produire en même temps sans déclencher de nuit de la St Barthélémy ni de bûchers, des philosophies basées sur la seule existence du divin et des systèmes de pensée rigoureusement athées ?

Kireet Joshi nous le dit : tout part des Védas, c'est-à-dire finalement d'un ensemble d'expériences spirituelles extrêmement puissantes qui laisseront leur empreinte indélébile sur le peuple de l'Inde et sa mentalité. Et bien que la spiritualité ne représente pas la totalité de l'esprit indien – et Sri Aurobindo insiste beaucoup sur ce point – bien que, pendant des milliers d'années, ce peuple ait fait preuve d'une vitalité et d'une créativité stupéfiante, bien qu'il ait témoigné d'une intellectualité puissante et rigoureuse recherchant la vérité et la loi intérieure de chaque activité, voulant faire de toute la vie une science et un art, néanmoins si on ne comprend pas que « *la spiritualité est la clef fondamentale de l'esprit indien* », alors il est difficile de saisir le génie indien.

En outre, entrer dans ces documents qu'on appelle les Védas n'est pas facile. Kireet Joshi l'expliquait dans une causerie donnée à Auroville en 1999 :

« C'est là un domaine si complexe et enseveli sous une telle pléthore d'interprétations qu'il est extrêmement difficile d'y pénétrer. C'est comme une jungle. Même des personnes qui, comme moi, ont été élevées selon la véritable tradition indienne – chez moi le Véda était récité chaque jour, c'était un compagnon constant – eh bien, malgré ce genre d'éducation, c'est seulement lorsque je me suis approché de Sri Aurobindo que j'ai vu s'ouvrir les portes de la connaissance védique. Jusque-là, tout ce que je connaissais du Véda, des Upanishads, de la Gîta et des Puranas, était une forêt si dense, si touffue, qu'il était difficile d'y marcher ne serait-ce qu'un kilomètre. Nous récitions les mantras du Véda, les hymnes du Véda, mais nous ne comprenions pas grand-chose – quelquefois les mots n'étaient pas si difficiles et nous pouvions alors en comprendre un peu le sens, mais lorsque nous essayions de pénétrer dans ce que j'appellerais la Connaissance, c'était un échec constant.

« En fait, ceux d'entre nous qui avaient lu les interprétations des chercheurs occidentaux trouvaient dans ces interprétations l'écho de leur propre incompréhension. Les savants occidentaux, en effet, ont exploré cet immense fonds de connaissance au début du XIXe

siècle... Il est sans doute bon de rappeler ici que le texte des Védas proprement dit est immense (et je ne parle pas des exégèses!). Ce qu'on appelle le Véda consiste en quatre livres : le premier est appelé Rig Véda, le deuxième Yajur Véda, le troisième Sama Véda, et le quatrième Atharva Véda. Ce sont quatre énormes volumes. Le Rig Véda est le plus important des quatre. Il a dix chapitres et, au total, dix mille vers – dix mille vers ! Dans une publication récente, le texte en sanskrit et la traduction anglaise faisaient douze volumes. Et cela pour le Rig Véda seulement !

« Généralement, le Rig Véda est considéré comme le Véda. Mais lorsque les érudits occidentaux l'ont étudié au XIXe siècle, ils ont conclu que tout cela semblait n'être qu'une œuvre composée par des sauvages à l'imagination naïve, superstitieux et matérialistes, ne recherchant que la richesse et une descendance, des vaches et des chevaux. Ne saisissant pas la profondeur réelle, ne comprenant pas les connexions des idées entre elles, ils étaient persuadés que le Véda était tout simplement un ensemble de matériaux inutiles, n'ayant d'intérêt que du point de vue historique – pour montrer aux gens ce que les barbares des temps anciens pensaient, concevaient et imaginaient –, mais rien d'autre. Et de nombreux chercheurs indiens ayant étudié le travail de ces érudits occidentaux n'ont jamais osé se départir de l'interprétation que ces derniers avaient donnée...

« Même Sri Aurobindo, lorsqu'il l'étudia au temps de sa jeunesse – mais sans vraiment s'y pencher attentivement – pensait que les interprétations modernes étaient peut-être significatives et valables. Telle était la disposition d'esprit des Indiens modernes et, même aujourd'hui, c'est encore largement comme cela.

« En fait, c'est seulement à Pondichéry que Sri Aurobindo s'est tourné pour la première fois sérieusement vers le Véda. Il avait eu de nombreuses expériences pour lesquelles il ne trouvait d'explication ni dans la psychologie occidentale, ni dans la psychologie moderne, ni dans l'ancienne psychologie, ni nulle part ailleurs. Et pourtant ces expériences surgissaient dans sa conscience. Sri Aurobindo raconte qu'il avait eu les expériences auxquelles le Véda donne les noms de Ila, Saraswati, Sarama et Daksha. Celles-ci représentent quatre énergies féminines et sont décrites dans le Véda, et bien qu'il ne connût rien de tout cela, Sri Aurobindo en avait fait l'expérience, mais il n'en avait trouvé aucune explication ; quels étaient ces pouvoirs qui se manifestaient dans sa conscience ? Aussi, lorsque plus tard il se mit à lire le Véda, il entra directement en contact avec ce qui y est dit, tout s'éclaira, il obtint dans le Véda la confirmation de ses propres expériences. Telle fut la manière dont il retrouva la clef du Véda. Ses expériences *précédèrent* sa compréhension du Véda. Ce n'est pas comme si ces expériences lui étaient venues *après* avoir lu le Véda, ce n'est pas comme s'il avait trouvé la description de ces expériences dans le Véda et qu'il avait ensuite vérifié ce qu'il avait lu en en faisant l'expérience lui-même. C'est tout le contraire. D'abord, il eut l'expérience de ces pouvoirs de conscience les plus hauts, et ensuite, il trouva dans le Véda les explications. Il est dit dans le Véda que seul le voyant peut comprendre les mots du voyant. C'est l'expression védique : *ninya vachamsi*, les mots secrets, *kavaye nivachana*, sont révélés seulement au *kavi*, au poète, au voyant. Cela a été confirmé dans le cas de Sri Aurobindo : le sens secret du Véda a été révélé seulement au voyant, c'est-à-dire à Sri Aurobindo.

« Sri Aurobindo a donc étudié le Véda en profondeur – quand je dis en profondeur, il faut bien comprendre que d'embrasser une masse si énorme de connaissance en deux ou trois ans, c'est accomplir une tâche herculéenne. C'était en 1914. C'est-à-dire que Sri Aurobindo arrive à Pondichéry en 1910, et en 1914 – quatre ans après – il a maîtrisé le sens secret du Véda. Il se mit alors à écrire une série d'articles sous le titre *Le Secret du Véda*. On trouvera dans ce livre une interprétation magistrale. Magistrale, en effet, car c'est dans le Véda lui-même que Sri Aurobindo trouve les preuves de son interprétation. C'est par évidence interne qu'il fait sa démonstration. Et c'est à la lumière du Véda, affirme-t-il, que les Upanishads peuvent, elles aussi, être vraiment comprises. En effet, quoique les Upanishads soient célèbres, si on demande aux chercheurs de les interpréter, on s'aperçoit que les trois-quarts des Upanishads sont encore aujourd'hui un livre scellé. Même ceux qui portent aux nues les Upanishads, que ce soit en occident ou en orient, quand on leur pose des questions, on s'aperçoit qu'ils passent à côté de leur sens profond. Ils ne peuvent rien expliquer. Et c'est normal, car tant qu'on ne comprend pas le Véda et le secret du Véda, on ne peut pas comprendre les Upanishads. »

Ce qui est dit des Upanishads ici par Kireet Joshi peut se dire pratiquement de tous les grands textes anciens de l'Inde, Gîtâ, Puranas, etc. : si on ne comprend pas le Véda, on ne peut pas les comprendre. C'est pourquoi cette plongée dans l'univers védique est si enrichissante et met à leur place d'innombrables éléments épars.

Ce livre est destiné à la fois à ceux qui ont déjà une bonne connaissance de la culture indienne, et à ceux qui sont fascinés par ses aspects extérieurs, mais trouvent difficile d'y pénétrer. Et peut-être ici « comprendre » n'est pas si important que d'arriver à avoir une perception intérieure des immensités de cet univers et des vérités sur lesquelles il repose. Aucune autre philosophie, aucune autre religion n'a dessiné en si grand détail, sur la base d'expériences documentées, la cartographie de la réalité invisible qui sous-tend l'existence du monde. Car, comme le dit Sri Aurobindo, l'Inde a vu « que l'être humain n'est conscient que d'une petite partie de lui-même, que toujours l'invisible entoure le visible, le suprasensible le sensible, de même que l'infini entoure toujours le fini. »

C'est à une exploration de ces mondes que nous invite Kireet Joshi dans ce livre.

Auroville
Christine Devin

Ce livre est constitué d'une série de documents écrits à différentes époques et à diverses occasions. Ils offrent des réflexions sur l'hindouisme et sur la manière dont le savoir védique, grandement vénéré par l'hindouisme, contient des bases précieuses pour de nouvelles découvertes répondant aux besoins de notre époque. Inévitablement, certaines idées importantes seront répétées, mais c'est dans l'espoir que ces répétitions soient utiles.

L'hindouisme est une religion non dogmatique qui considère la science du yoga comme supérieure à la religion. Il a la capacité de se renouveler et d'accueillir les adeptes d'autres religions, même ceux qui n'appartiennent à aucune religion, dans une quête où les religions peuvent s'unir dans un esprit de non-exclusivisme. Les documents rassemblés dans ce livre sont dédiés à la recherche de l'harmonie, qui peut être atteinte en surpassant l'exclusivisme.

New Delhi
Kireet Joshi

Repères dans l'hindouisme

I. L'âge védique

Afin de comprendre l'importance du développement de l'hindouisme, il est nécessaire de remonter jusqu'aux Védas, qu'on peut voir comme la graine lumineuse de l'immense arbre *banian* qui, au fil du temps, est devenu ce qui est connu sous le nom d'hindouisme. (A noter que l'ancienne religion indienne qui s'est développée à partir des Védas était connue sous le nom de *sanatana dharma* ou *arya dharma*. Le terme « hindouisme » n'a été utilisé que bien plus tard par les étrangers parlant de la religion pratiquée par le peuple de l'Inde.)

Aux yeux des Rishis qui composèrent les Védas, les mondes matériel et psychique étaient une manifestation et une représentation des divinités cosmiques, une représentation double, diverse, et pourtant liée et similaire. La vie interne et externe de l'homme était un commerce divin avec les dieux, derrière lequel se trouvait l'unique esprit ou être, dont les dieux étaient différents noms, personnalités et pouvoirs, *ekam sad viprā bahudhā vadanti*.[1] Ces divinités n'étaient pas seulement les maitres de la nature physique, elles étaient également des puissances divines intérieures. En même temps, elles étaient des états de conscience et des énergies nées au sein de notre être psychique. On dit que les divinités, *dévas*, sont les gardiennes de la vérité et de l'immortalité, les enfants de l'Infini, et que chacune d'entre elles est, à son origine et dans sa réalité dernière, l'Être suprême mettant en avant l'un de ses aspects.

Dans la vision védique, la vie de l'homme était un mélange de vérité et de mensonge, un mouvement partant de la mortalité pour aller vers l'immortalité, partant d'un mélange de lumière et d'obscurité pour aller vers la splendeur de la vérité divine dont la demeure est en

---

1. *Rig Véda* I.164.46

haut, dans l'infini, mais qui peut être construite dans l'âme et dans la vie de l'homme.

Cette construction de la demeure de la vérité ici-bas, implique de trouver certains trésors, certaines richesses, le butin donné par les dieux au guerrier humain, elle implique un voyage et un sacrifice. Les poètes védiques évoquaient ces choses avec un système d'images fixes provenant de la nature et de l'environnement martial, pastoral et agricole des peuples aryens. Ces images étaient centrées sur le culte du feu, l'adoration des puissances de la nature vivante et l'institution du sacrifice. Pour s'exprimer, les poètes védiques utilisaient aussi un ensemble lumineux de mythes et de paraboles afin de partager avec les initiés un certain nombre d'expériences psychiques et de réalités internes.

II. Signification profonde des Védas

Yaska parlait de plusieurs écoles d'interprétation des Védas. Il disait qu'il y avait une triple connaissance, et donc une triple signification aux hymnes védiques : la connaissance des sacrifices ou des rituels, la connaissance des dieux, et enfin, la connaissance spirituelle. Il disait également que cette dernière était la véritable signification, et que, lorsque quelqu'un l'obtenait, les autres n'avaient plus lieu ou s'effaçaient. D'après lui, *les Rishis ont vu la vérité, la véritable loi des choses, directement grâce à une vision intérieure*[1]. Il a également dit que « le véritable sens des Védas peut être retrouvé grâce à la méditation et à la tapasya ». *On voit que les Rishis védiques eux-mêmes croyaient que les hymnes contenaient une* connaissance secrète, et que les mots des Védas ne pouvaient être compris dans leur véritable signification que par un voyant ou un mystique, et qu'aux autres, les hymnes ne livraient pas leur connaissance. Par exemple, dans le *Rig-Véda (RV) IV. 3.16*, le Rishi se décrit lui-même comme un être illuminé, exprimant par sa pensée et sa parole, des mots qui guident, des « paroles secrètes » – *ninya vacamsi* – « sagesses de voyant qui révèlent leur sens intérieur au voyant » – *kavyani kavaye nivacana.*[1]

En revanche, il est vrai qu'il y avait un aspect externe de la religion védique, et cet aspect était fondé sur le mental de l'homme physique ; il fournissait des moyens, des symboles, des rites, et des représenta-

---

1. Voir aussi *Rig-Véda* I.164 ; Ibid. I.164.46 ; Ibid. X.71.

tions tirées des choses les plus extérieures, telles que le ciel et la terre, le soleil et la lune et les étoiles, l'aube et le jour et la nuit et la pluie, et le vent et la tempête, les océans et les rivières et les forêts, et d'autres éléments de la vaste et mystérieuse vie environnante. Mais, même à l'extérieur, la religion védique parlait de la vérité, de la justice et de la loi la plus haute, dont les dieux étaient les gardiens, de la nécessité d'une vraie connaissance et d'une vie intérieure plus vaste en accord avec cette vérité et cette justice ; elle parlait aussi de la demeure de l'immortalité vers laquelle l'âme de l'homme pouvait s'élever grâce au pouvoir de la vérité et de la justice. De plus, la religion védique offrait des bases suffisantes pour attirer même les gens du peuple au niveau de leur nature éthique, pour les pousser à développer les bases de leur être psychique, pour qu'ils conçoivent l'idée d'une connaissance et d'une vérité autre que celles de la réalité matérielle, et même qu'ils admettent une première conception d'une réalité spirituelle plus grande.

Mais la signification la plus profonde et ésotérique des Védas était réservée aux initiés, à ceux qui étaient prêts à comprendre et à développer le sens profond. C'est la signification intérieure, et la vérité psychique et spirituelle la plus haute dissimulée par le sens extérieur, qui a donné aux hymnes védiques le nom sous lequel ils sont encore connus aujourd'hui, *Véda,* le Livre de la Connaissance. C'est seulement à la lumière de ce sens ésotérique que nous pouvons comprendre l'épanouissement complet de la religion védique dans les Upanishads et dans le développement à long terme de la recherche et de l'expérience spirituelles des Indiens.

La religion védique intérieure attribue des significations psychiques aux divinités cosmiques. Elle conçoit un ordre hiérarchique des mondes, et un escalier ascendant de niveaux d'être dans l'univers, *bhur, bhuvah* et *swar.* La vérité et la justice *(satyam* et *ritam),* qui ont leur place dans le plus haut des mondes du *swar,* développent et gouvernent tous les niveaux de la nature. Elles sont unies dans leur essence, mais prennent différentes formes à différents niveaux de l'existence. Par exemple, il y a, dans le Véda, une série de lumières physiques extérieures, et une autre série de lumières supérieures et internes qui sont le véhicule de la conscience mentale, vitale et psychique. En plus de celles-ci, il existe la lumière la plus élevée et la plus intime de l'illumination spirituelle. Surya, le dieu Soleil, était le seigneur du soleil physique, mais il était également le dispensateur des rayonnements de la connaissance qui illumine l'esprit. Il est, en même temps, l'âme de l'énergie et le corps de l'illumination spirituelle.

Toutes les divinités védiques ont un fondement à la fois extérieur et intérieur ; ils ont des noms à la fois connus et secrets. Ils sont tous les différents pouvoirs de l'ultime réalité, *ekam sat, tat satyam, tad ekam*. Chacun de ces dieux est en lui-même une personnalité cosmique complète et séparée de l'existence Une. En combinant leurs pouvoirs, ils représentent la puissance totale universelle, le tout cosmique. Chacun d'eux, en dehors de sa fonction particulière, est un seul dieu avec les autres. Chacun détient en lui la divinité universelle, et chaque dieu est tous les autres dieux. Cet aspect complexe de l'enseignement et du culte védiques a été nommé « hénothéisme » par les intellectuels européens. De plus, d'après les Védas, il existe une triple infinité, et dans cette infinité, les divinités revêtent leur plus haute nature et sont les noms de l'Un ineffable sans nom.

Cet enseignement a été appliqué à la vie intérieure de l'homme, et cette application peut être considérée comme sa plus grande force. La conscience des divinités peut se construire, d'après l'enseignement védique, à l'intérieur de l'homme, et l'affirmation de ces pouvoirs mène à ce que la nature humaine se convertisse en l'universalité de la nature divine. Les dieux sont les gardiens et amplificateurs de la vérité, les pouvoirs de l'immortel, ils sont les enfants de la déesse mère, *Aditi*. L'homme parvient à l'immortalité en appelant les dieux en lui au moyen d'un sacrifice qui les mettra en relation avec eux, en s'abandonnant. Cela l'amène à briser les limitations, non seulement de son être physique, mais également de son mental, et de sa nature psychique ordinaire.

Le Véda décrit plusieurs expériences qui suggèrent une discipline psychologique et psychique très poussée menant à la réalisation spirituelle la plus haute d'un état divin. Cette discipline contient le germe du yoga indien ultérieur, dont l'idée fondamentale est de passer de l'irréel au réel, de l'obscurité à la lumière, de la mortalité à l'immortalité. Les Rishis védiques évoquent cela sous le nom de *ritasya-panthah*, la voie de la vérité. Dans l'une des descriptions les plus saisissantes de la réalisation spirituelle, Vamadeva raconte : « Les ténèbres, ébranlées dans leur fondement, ont disparu ; le ciel a rayonné ; la lumière de l'Aube divine s'est levée ; le soleil a pénétré dans les vastes champs, observant les choses droites et tordues chez les mortels. Par la suite, oui, ils s'éveillèrent et virent pleinement ; puis, en effet, ils furent remplis d'une félicité dont on jouit au ciel, *ratnam dharayanta dyubhaktam*. Que tous les dieux soient dans tous nos humains, qu'il y ait vérité de notre pensée, ô, Mitra, ô, Varuna. »[1]

Il existe une expérience similaire décrite par Parashara Shaktya, qui déclare : « Nos pères ont fracassé de leurs mots les places fortes solidement retranchées ; oui, les Angiras ont fait éclater la montagne avec leur cri ; ils ont créé en nous le chemin menant au vaste ciel ; ils ont trouvé le Jour et Svar et la vision intuitive et les Vaches de lumière », *chakrur divo brhato gatum asme, ahah svar vividuh ketum usrah.*[2] Il déclare aussi : « Ceux qui sont entrés dans toutes les choses qui portent des fruits justes, ont ouvert un chemin vers l'immortalité ; la terre s'est écartée pour eux par la Grandeur et par les Grands, la mère *Aditi*, avec ses fils, est venue pour la préservation. »[3]

Ces déclarations, et d'autres, nous aident à comprendre ce que les Rishis védiques entendaient par immortalité. Lorsque l'être physique est visité par la grandeur des plans infinis supérieurs et par la puissance des grandes divinités régnant sur ces plans, il brise ses barrières, il s'ouvre à la lumière et est porté dans ce nouvel espace par la conscience infinie, la mère *Aditi* et ses fils, les pouvoirs divins du Déva suprême – alors, l'immortalité est atteinte.

Le Véda fait la distinction entre l'état de connaissance et l'état d'ignorance *(cittim acittim cinavad vi vidvan)*, et il découvre les moyens de surpasser l'ignorance. Préserver la pensée de la vérité dans tous les fondements de notre être, la diffusion de la vérité dans toutes les parties de notre être, et la naissance de l'activité de toutes les divinités, voilà la quintessence des moyens d'atteindre la connaissance, dont découle l'immortalité.[4]

On peut trouver les graines des idées les plus caractéristiques de la spiritualité indienne dans les Védas, mais pas dans leur pleine expression. Il y a, tout d'abord, l'idée de l'existence une, supra-cosmique,

---

1. *Rig Véda* IV. 2. 27
2. *Rig Véda*. I. 72,2
3. *Rig Véda*. 1.72.9,14
4. Voir aussi *Rig Véda* I.68.1-3.

derrière l'individu et l'univers. Il y a ensuite l'idée du dieu unique, qui se présente à nous sous différentes formes, noms, pouvoirs et personnalités de sa divinité. Puis, il y a la distinction entre la connaissance et l'ignorance, la grande vérité d'une vie immortelle s'opposant à l'existence mortelle et mensongère. Quatrièmement, il y a l'idée d'une discipline pour le développement intérieur de l'homme, depuis le physique en passant par le psychique vers le spirituel. Pour finir, il y a l'idée et l'expérience de la victoire sur la mort, le secret de l'immortalité. À travers cette histoire longue et ininterrompue de la tradition védique, ces idées sont restées constantes jusqu'à ce jour.

III. L'âge védique et les Upanishads : la formation de l'âme spirituelle de l'Inde

Les débuts védiques furent des débuts ambitieux, et les résultats purent se fixer grâce à une efflorescence sublime et plus large. Ce sont les Upanishads, qui ont toujours été reconnues, en Inde, comme la culmination et la fin des Védas : le Védanta [véda+ anta : fin du Véda]. Alors que les Brahmanas se concentraient sur les rituels védiques, les Upanishads ont renouvelé la vérité védique en l'extrayant de ses symboles cryptiques, et en la revêtant du langage – le plus élevé, le plus direct et le plus puissant qui soit – de l'intuition et de l'expérience. En effet, ce langage n'était pas chose de l'intellect, mais l'intellect pouvait s'emparer de sa forme, le traduire dans ses propres termes, plus abstraits, et le convertir en un point de départ pour une spéculation philosophique plus large et plus profonde, et pour la longue recherche de la vérité par la raison.

Les Upanishads sont des transcriptions d'expériences spirituelles les plus profondes qui soient, et des documents de philosophie révélatrice et intuitive, d'une lumière, d'une puissance et d'une grandeur inépuisables. Qu'ils soient écrits en vers ou en prose cadencée, ce sont des poèmes spirituels d'une inspiration sans faille, au phrasé inévitable et au rythme et à l'expression merveilleuse. Ce sont des hymnes épiques de connaissance de soi, de connaissance du monde, et de connaissance de Dieu. L'imagerie des Upanishads s'est en grande partie développée à partir de l'imagerie des Védas. Généralement, elle préfère la clarté sans voile d'images directement illuminatrices, mais elle a régulièrement recours aux mêmes symboles, d'une manière qui se rapproche de l'esprit de l'ancien symbolisme. Les Upanishads ne s'éloignent pas de l'esprit védique, elles en sont plutôt la continuation et le développement, et, dans une certaine mesure, une transformation qui l'agrandit. Elles explicitent, à l'aide d'expressions directes, ce qui, dans le langage symbolique des Védas, se trouvait caché comme un mystère et un secret. L'explication du sommeil et des rêves par Ajatasatru ou les passages de l'Upanishad Prasna, sur l'être vital et sa mobilité, sont quelques exemples du symbolisme upanishadique.

Comme le Véda, les Upanishads sont *Sruti [shruti = ouïe, ce qu'on entend]*, car elles sont des révélations et des intuitions qu'apporte l'expérience spirituelle. Les Upanishads sont reconnues comme étant la source de nombreuses grandes philosophies et de religions qui ont irrigué l'Inde. Elles ont enrichi l'esprit et la vie du peuple et ont gardé vivante l'âme de l'Inde à travers les siècles. Telle une fontaine nourricière intarissable, elles n'ont jamais failli à leur mission d'offrir de nouvelles illuminations. On dit même que le bouddhisme était uniquement une reformulation d'un aspect de l'expérience upanishadique, bien qu'il ait représenté un nouveau point de vue et fourni de nouveaux termes de définition et de raisonnement. Même dans les pensées de Pythagore et Platon, il est possible de retrouver les idées des Upanishads. On a constaté que le soufisme répétait l'enseignement des Upanishads dans une autre langue. Même certains des penseurs modernes, aussi bien en Orient qu'en Occident, semblent absorber les idées des Upanishads avec une réceptivité vibrante et intense. Il n'est sans doute pas exagéré de dire qu'il n'y a guère d'idée philosophique importante qui ne puisse trouver une autorité, une source ou une indication dans ces anciens textes. On a également affirmé que les grandes généralisations de la science appliquent constamment à la vérité de la nature physique des formules découvertes par les sages upanishadiques, dans leur signification originelle et la plus large, dans la vérité plus profonde de l'esprit.

Les Upanishads sont le Védanta, un livre de connaissance, non pas une connaissance comprise comme simple pensée, mais comme vision de l'âme et compréhension spirituelle par une sorte d'identification avec l'objet de la connaissance. À travers ce processus de connaissance par identité ou intuition, les voyants des Upanishads arrivèrent facilement à voir que le Soi en nous ne fait qu'un avec le Soi universel de toutes choses, et que ce Soi est le même que Dieu ou Brahman, l'être ou l'existence transcendante, et ils ont vu, senti et vécu dans la vérité la plus profonde de toutes les choses de l'univers ainsi que dans la vérité la plus profonde de l'existence intérieure et extérieure de l'homme, à la lumière de cette vision unique et unificatrice.

Les trois grandes déclarations de l'ancien Védanta sont: « Je suis Lui »;[1] « Tu es Cela, ô Swetaketu »;[2] « Tout ceci est le Brahman; ce Soi est le Brahman ».[3]

Les créations principales des Upanishads sont restées en partie intactes, du moins dans plusieurs systèmes philosophiques, et un effort a été fait de temps en temps pour les réassembler. Les systèmes dits *Nyaya, Vaisheshika, Samkhya, Yoga, Purva-Mimamsa* et *Uttara Mimamsa* portent l'empreinte de la pensée upanishadique, et le dernier, en particulier, possède comme texte de base le *Brahmasutra*, écrit par Badarayana, dans lequel la quintessence des Upanishads a été exposée sous forme d'aphorismes. Le *Brahmasutra* a été commenté par plusieurs *acharyas [professeurs]*. Cela a donné naissance à au moins cinq écoles d'interprétation védique, à savoir, l'Advaita de Shankaracarya, le Visistadvaita de Ramanujacarya, le Shuddhadvaita de Vallabhacarya, le Dvaitadvaita de Nimbarkacarya et le Dvaita de Madhwacarya. La Bhagavad-Gîtâ est également considérée comme une présentation de l'essence de l'enseignement upanishadique. On écrit encore aujourd'hui des commentaires sur les Upanishads, le *Brahmasutra* ou la Bhagavad-Gîtâ.

Il est vrai que les Upanishads s'intéressent principalement à la vision intérieure et non directement à l'action humaine extérieure; cependant, tous les plus hauts principes d'éthique énoncés par le bouddhisme, le jaïnisme, et plus tard l'hindouisme, dérivent du sens des vérités vivantes auxquelles elles donnent forme et force expressives. Elles présentent même l'idéal suprême de l'action spirituelle, basée sur l'expérience et les principes de l'union avec Dieu et avec tous les êtres vivants. C'est pour cette raison que, même lorsque les formes du culte védique se sont éteintes, les Upanishads ont survécu et sont restées créatrices; elles ont pu générer de grandes religions de dévotion, et ont inspiré l'idée du *dharma* qui est ancrée dans l'esprit indien. En réalité, l'idée et la pratique du *dharma* est un élément commun au

---

1. *Chhandogya Upanishad*, 4.11.1
2. Ibid. 6.8.7
3. Ibid. 3.14.1 18

jaïnisme, au bouddhisme et à l'hindouisme.

À l'époque où l'on est passé aux Upanishads, les symboles védiques originaux ont commencé à perdre de leur importance et à tomber dans l'obscurité. Le premier stade de la culture était un équilibre ancien entre deux extrêmes. D'un côté, il y avait la nature fruste et à moitié développée de l'homme physique extérieur ; d'un autre côté, il y avait la vie intérieure, secrète, psychique et spirituelle des initiés. Mais cet équilibre fut perturbé à cause de la nécessité d'une grande avancée. Au cours du développement de sa civilisation, l'Inde fut appelée à une évolution généralisée intellectuelle, éthique et esthétique. Cela demandait un nouvel équilibre et une nouvelle harmonie. À ce moment de bascule, les Upanishads ont sauvegardé l'ancienne connaissance spirituelle par un immense effort, et l'édifice spirituel créé par les Upanishads a guidé la vaste et complexe culture intellectuelle, esthétique, éthique et sociale qui se développa au cours des âges suivants, il l'a imprégnée et il l'a tirée vers le haut.

IV. L'âge postvédique : intellectualité et vitalité solides

Durant la période postvédique, qui s'est étendue jusqu'au déclin du bouddhisme, on assiste à l'essor de grandes philosophies, d'une littérature épique aux multiples facettes, à la naissance des arts et des sciences, à l'émergence de sociétés vigoureuses et complexes, à la formation de grands royaumes et d'empires, à de multiples activités formatrices, et à de grands systèmes de vie et de pensée. C'était la naissance et les débuts de la pensée critique, et un certain nombre de sciences et de systèmes de connaissance intellectuelle a vu le jour très tôt. À vrai dire, on avait commencé à développer les Védangas avant même les Upanishads. L'Upanishad Mandukya évoque six Védangas : Shiksha (phonétique) ; Kalpa (rituel) ; Vyakarana (grammaire) ; Nirukta (étymologie) ; Chhandas (métrique) ; et Jyotish (astronomie et astrologie). Chaque Védanga se saisit d'un aspect des Védas et essaye de l'expliquer.

En temps voulu, se développa une vaste littérature autour de ces Védangas, exposant différents systèmes de phonétique, des rituels sacrificiels, des règles de conduite de différentes sortes telles que celles décrites dans le Shrautasûtra, Grihyasûtra et Dharmasûtra, les principes et détails de l'étymologie védique, les subtilités grammaticales,

les différentes formes, versifications et styles de poésie, et plusieurs systèmes de connaissance astronomique et astrologique. Il existait également la documentation considérable du Pratisakhya, qui traitait des subtilités de la grammaire, de la versification et de la prononciation concernant les Shakhas des Védas. Outre les Védangas, quatre sciences furent développées, connues sous le nom d'Upavédas, *à savoir*, l'Ayurvéda, le Dhanurvéda, le Gandharvavéda et l'Arthavéda. Là encore, au fil du temps, se constitua une vaste littérature faite de démonstrations, de commentaires et de traités.

La forte intellectualité de cette période s'inspirait des nombreuses variétés d'expériences spirituelles et de l'esprit de synthèse tellement présent dans les Védas et les Upanishads. Il y avait la perception consciente que l'expérience spirituelle est plus élevée que la religion, et que ce que recherche la religion peut être obtenu grâce à une discipline psychologique intérieure – discipline qui avec le temps devint un shâstra [=science], le shâstra du yoga. Cela permit à l'intellectualité de se défaire des effets paralysants du dogme religieux ; son développement s'épanouit alors en multiples facettes. L'athéisme matérialiste, l'agnosticisme, et le scepticisme se développèrent également. En effet, cette intellectualité était à la fois austère et riche, robuste et minutieuse, puissante et délicate, imposante dans ses principes et surprenante dans ses détails. La seule quantité de production intellectuelle réalisée entre la période d'Ashoka et la période Mahométane est simplement prodigieuse. C'est ce qui ressort du compte-rendu qu'en font les chercheurs récents. En examinant ce compte-rendu, il est important de noter que ce qui a été étudié de l'antique trésor n'est qu'une fraction de ce qui reste encore à étudier, et que ce qui reste est seulement une infime partie de ce qui a jadis été écrit et connu. Il faut également noter que ce qui fut réalisé ne l'a été qu'à l'aide du pouvoir de la mémoire et de feuilles de palmiers périssables. Cette littérature colossale s'étendait à plusieurs domaines, outre les sciences : philosophie et théologie, religion et yoga, logique et rhétorique, grammaire et linguistique, poésie et drame, médecine et astronomie. Elle traitait également de politique et de société, de musique et de danse, d'architecture et de peinture, des soixante-quatre talents, et de divers artisanats et professions. Il faut dire aussi que, même des sujets tels que l'élevage et le dressage de chevaux et d'éléphants, avaient leurs propres shâstras. Chaque domaine de pensée et de vie avait son corpus systématisé de connaissances, son art, son vocabulaire, sa documentation abondante.

Durant cette ère, l'Inde était en pointe quant aux mathématiques, à l'astronomie, à la chimie, à la médecine, à la chirurgie et d'autres branches de connaissances physiques qui se pratiquaient en ces temps anciens. Dans de nombreux domaines, l'Inde eut la primeur de la découverte. Il est vrai que l'harmonie qui régnait entre vérités philosophique et vérités de la psychologie et la religion ne s'étendait pas de la même manière aux vérités de la nature physique. Cependant, depuis le début, c'est-à-dire depuis les Védas, l'esprit indien comprit que les lois et pouvoirs qui gouvernent les existences spirituelle, psychologique et physique sont les mêmes. Il découvrit l'omniprésence de la vie, et affirma l'évolution de l'âme dans la nature, depuis la forme végétale et animale, jusqu'à la forme humaine.

L'esprit philosophique s'est développé à partir de comptes-rendus d'expériences spirituelles, et il en est toujours revenu, sous une forme ou une autre, à la vérité profonde des Védas et des Upanishads, qui gardèrent leur statut d'autorité suprême en ces matières. Il était admis que l'expérience spirituelle est une chose supérieure et que sa lumière, bien qu'impossible à quantifier, est un guide plus vrai que les clartés de l'intelligence raisonnée. Dans la littérature épique du Mahabharata et du Ramayana, on peut trouver de fortes et libres pensées intellectuelles et éthiques ; il y a une critique continue de la vie par l'intelligence et la raison éthique. On y trouve différents questionnements et un désir de fixer en tout les normes de la vérité et un assentiment explicite ou implicite de la vérité spirituelle. Dans le domaine artistique, il y avait une insistance sur la vie et la créativité, mais la plus grande réussite de l'art fut toujours dans l'interprétation de l'esprit philosophique et religieux. Au cours de cette période, les arts étaient colorés par l'allusion au spirituel et à l'infini.

Les idées maîtresses des Védas et des Upanishads ont guidé le développement de l'imagination, son caractère créatif, et les formes importantes dans lesquelles elle a constamment interprété sa conception du soi, des choses, de la vie et de l'univers. Le sens de l'infini et du cosmique créé dans les hymnes védiques s'observe dans une grande partie de la littérature des périodes ultérieures, mais également dans l'architecture, la peinture et la sculpture. Comme dans les Védas, même dans ce domaine, il y a une tendance à voir et à reproduire les expériences spirituelles sous forme d'images prises sur le plan psychique intérieur, ou d'images physiques découlant de l'importance d'une signification et d'une impression psychique. La tendance à imager la vie terrestre, bien souvent amplifiée, tout comme dans le Mahabharata et dans le Ramayana, reflète l'influence védique.

Pour ce qui est de la vie collective, la société indienne développa sa propre organisation collective de la vie séculière, des intérêts et des désirs, *artha* et *kama*. Mais elle a toujours régi ses actions en se référant en toute chose à la loi morale et religieuse, le *dharma*, et elle n'a jamais perdu de vue que la libération spirituelle, *moksha*, était la motivation la plus haute et le but ultime de la vie. Encore plus tard, lorsqu'il y eut un grand développement de l'intelligence séculière et une accentuation de la dimension esthétique, sensuelle et hédoniste, il y eut en parallèle un approfondissement de la dimension psycho-religieuse. On pourrait dire que chaque insistance excessive sur la splendeur, la richesse, le pouvoir et les plaisirs eut sa tendance opposée, et était compensée par une insistance équivalente sur l'ascétisme spirituel. Et à travers ce développement, on peut voir la continuité interne avec les origines védiques et védantiques.

Mais il est vrai qu'à un moment donné, il a semblé qu'une rupture allait se produire. Le bouddhisme sembla rejeter toute continuité spirituelle avec la religion védique et il y eut l'impression d'un nouveau départ radical. Mais on finit par voir l'idéal du *nirvana* comme une affirmation négative et exclusive de la plus haute expérience védantique. On vit aussi le chemin octuple comme une sublimation austère des notions védiques de justice, de vérité et de loi, qui étaient considérées comme des façons d'atteindre l'immortalité. La tendance la plus forte du bouddhisme Mahayana, mettant l'accent sur la compassion universelle et le sentiment de fraternité, fut considérée comme une application sur le plan éthique de l'unité spirituelle, l'une des idées principales du Védanta. La théorie bouddhiste du *karma* pouvait s'être appuyée sur les énoncés des Brahmanas et des Upanishads. En réalité, la tradition védique a absorbé tout ce qui venait du bouddhisme, mais a rejeté ses opinions exclusives.

V. La période purano-tantrique : deuxième phase de l'hindouisme

Nous arrivons maintenant à l'époque purano-tantrique. Les formes védiques les plus importantes disparurent petit à petit et furent remplacées par d'autres. Les symboles, rituels et cérémonies changèrent ; les plus hauts sommets de l'expérience spirituelle védique n'apparurent plus en tant que tendance prédominante, bien qu'il y eût élargissement et approfondissement de l'expérience psychique et spirituelle. Le panthéon védique progressivement disparut en raison de l'importance croissante donnée à la grande trinité, *Brahma – Vishnu – Shiva*. Un nouveau panthéon vit alors le jour ; son aspect symbolique extérieur témoignait d'une vérité plus profonde et d'un champ plus vaste d'expériences, d'émotions et d'idées. La tradition du sacrifice védique commença à disparaitre ; l'autel avec le feu fut remplacé par le temple. Le rituel de dévotion au temple remplaça, en grande mesure, le rituel sacrificiel karmique. Des formes conceptuelles plus précises des deux grandes divinités, Vishnu et Shiva, commencèrent à remplacer les images mentales non figées des dieux védiques. Les *shaktis* [shakti = principe féminin] de Vishnu et de Shiva dominèrent rapidement la scène religieuse. Ces nouveaux concepts se stabilisèrent en des images physiques, et ces images devinrent la base de l'adoration interne et externe.

Les enseignements ésotériques des hymnes védiques qui se centraient sur la discipline spirituelle disparurent, même si certaines de leurs vérités réapparurent sous des formes différentes. Ces formes, telles qu'on les voit dans la religion puranique et tantrique et dans le yoga, étaient moins élevées que dans le noyau védique d'expériences spirituelles, elles étaient cependant plus étendues, plus riches, plus complexes, et plus adaptées à la vie intérieure psycho-spirituelle.

Dans la période purano-tantrique, on s'efforça d'éveiller l'esprit intérieur de l'homme le plus ordinaire, d'influencer sa nature intérieure vitale et émotionnelle, de le soutenir par un éveil de l'âme, et de le conduire à travers ces choses vers la vérité spirituelle la plus élevée. Cet effort nécessitait de nouveaux instruments, une nouvelle atmosphère et de nouveaux domaines d'expériences religieuses et spirituelles. Alors que, pour leurs adorateurs, les divinités védiques étaient des puissances divines présidant au fonctionnement de la vie extérieure du cosmos physique, la trinité puranique avait, même pour la multitude, une signification psycho-religieuse et spirituelle prédominante. Cependant, la vérité spirituelle centrale était la même, que ce soit dans les systèmes védique ou purano-tantrique : la vérité de l'Un sous ses multiples aspects. De même que les divinités védiques étaient des formes du suprême, la trinité puranique aussi était une triple forme de la divinité suprême et du Brahman ; même les shaktis étaient des énergies de l'être divin le plus élevé. Mais cette vérité n'était plus réservée à un petit nombre d'initiés ; elle était dorénavant transmise de manière de plus en plus puissante, étendue et intense, à l'esprit et au sentiment général du peuple.

Védas et Puranas : continuité et changement :

La hiérarchie des mondes que l'on trouve dans les Védas est plus complexe que celle qui se trouve dans les Puranas. Dans les Védas, les mondes les plus élevés constituent le triple principe divin ; l'infini est leur limite, la béatitude est leur fondement. Ces trois mondes sont soutenus par la vaste région de la vérité, d'où une lumière divine rayonne vers notre conscience dans les trois mondes célestes lumineux du *swar*, le domaine d'*Indra*. En-dessous, se trouve le triple système dans lequel nous vivons. Ce triple système se compose de trois terres, trois cieux, *dyaus*, et la région qui fait le lien, celle du milieu *(antariksha)*. Autrement dit, le triple monde inférieur dans lequel nous vivons est le monde de la matière, de la force vitale et du mental pur. Dans l'idée védique, chaque principe peut être modifié par la manifestation subordonnée des autres en son sein, et chaque monde est divisible en plusieurs provinces. Dans cette structure, les Rishis védiques ont placé toutes les complexités de la vision subtile et son imagerie fertile. Le système puranique est une continuation du système védique, mais une continuation plus simple. Le Purana reconnaît sept principes de l'existence et les sept mondes puraniques leur correspondent assez exactement, ainsi :

Principe	Monde
1. Existence pure – Sat	Monde de la plus haute vérité de l'être (Satyaloka)
2. Conscience pure – Cit	Monde de la volonté infinie ou de la force de conscience (Tapoloka)

3. Félicité pure – Ananda	Monde du plaisir créateur de l'existence (Janaloka)
4. Connaissance ou Vérité – Vijñana	Monde de l'immensité (Maharloka)
5. Mental	Monde de la lumière (Swar)
6. Vie (être nerveux)	Monde des différents devenirs (Bhuvar)
7. Matière	Monde matériel (Bhur)

L'interprétation védique de la vie en tant que processus de sacrifice et en tant que bataille se perpétua dans la tradition purano-tantrique. Selon les Védas, la lutte de la vie est un combat entre les dieux et les titans, les dieux et les géants, Indra et le python, les aryens et les dasyu. Dans les Puranas et les Tantras, la vie est également conçue comme un combat et une bataille entre les dévas et les asuras, entre les dévas et les rakshasas [démons], entre les armées des dieux et des déesses et celles des adversaires asuriques, rakshasiques et paishaciques. L'objectif védique, atteindre l'immortalité, apparait également dans les Puranas et les Tantras, où se trouve l'histoire symbolique de la recherche du nectar de l'immortalité.

L'idée védique de la divinité dans l'homme fut popularisée de manière extraordinaire durant la période purano-tantrique; le concept des *avatars* se développa, c'est-à-dire l'idée d'une manifestation occasionnelle du divin dans l'humanité; l'idée de la présence divine qu'on peut découvrir dans le cœur de chaque créature se développa également. De nouveaux systèmes de yoga virent le jour, mais la base était toujours la même, à savoir, le secret du pouvoir de la concentration, sa méthode et son objet. Cependant, un effort à multiples facettes ouvrit les portes du yoga, à de nombreux niveaux et plans de conscience. Plusieurs types de méthodes psycho-physiques, vitales intérieures, mentales intérieures, et psycho-spirituelles se développèrent; mais elles avaient toutes pour but la réalisation d'une conscience plus élevée et une union plus ou moins complète avec le divin unique, ou la fusion de l'âme individuelle avec l'absolu. Le système purano-tantrique fournissait la base d'une «expérience psycho-religieuse» généralisée, à partir de laquelle l'homme pouvait s'élever à travers la connaissance, les œuvres, l'amour ou tout autre pouvoir fondamental de sa nature, à une expérience suprême et à un état plus élevé ou absolu.

VI. Troisième phase de l'hindouisme

Après la période purano-tantrique, vint la troisième phase de développement de la religion et de la spiritualité en Inde. La première phase avait consisté en la formation védique du mental de l'homme ; la seconde phase avait englobé la vie extérieure de l'homme ainsi que la vie mentale et psychique plus profonde, et avait placé l'homme en contact direct avec l'esprit et la divinité qui étaient en lui. Mais lors de cette troisième phase, on tenta d'englober l'ensemble de la vie mentale, psychique et physique de l'homme afin de parvenir aux débuts d'une vie spirituelle, tout du moins généralisée. C'est ce que l'on voit dans l'émergence des grands mouvements spirituels des saints et des *bhaktas* à la suite du déclin du bouddhisme, et dans un recours de plus en plus fréquent aux différentes voies de yoga. Durant cette phase, il y eut également le grand problème de l'arrivée de l'islam, et il y eut deux grandes tentatives afin d'arriver à une nouvelle synthèse : l'une de la part des musulmans, et l'autre de la part des hindous. La première se manifesta dans la tentative d'Akbar pour créer une nouvelle religion nommée *Din-I-Ilahi*, et la seconde, dans la vie et dans l'œuvre du gourou Nanak. L'œuvre du gourou Nanak donna plus tard naissance au mouvement sikh, incroyablement original et novateur, de la Khalsa. Au cours de cette période, l'esprit de l'Inde connut un énorme bouleversement, et il y eut un grand effort pour explorer tous les aspects de l'être humain et pour les développer de sorte qu'ils puissent tous s'ouvrir à la force et à la lumière spirituelle. Cet effort n'avait pas seulement un aspect individuel, il était également collectif. Cette grande tentative aurait pu révolutionner la vie collective de l'Inde. Mais elle s'interrompit pour plusieurs raisons.

Parmi ces dernières, se trouvait un épuisement de la force vitale causé par ce long effort qui n'avait cessé depuis les tout débuts de l'histoire indienne. Cet épuisement était également dû au fait qu'au VIe siècle avant J.-C. un courant culturel était apparu qui niait la signification et l'importance de la vie cosmique. Cela créa une confusion et un déséquilibre qui conduisirent à un ascétisme excessif. Cela appauvrit la vie, et conduisit à négliger les conditions sociales, économiques et politiques du pays. Les grands idéaux commencèrent à être exclus de la vie active, et des rigidités de toutes sortes figèrent les modes de vie des individus et des collectivités. L'épuisement de la force vitale coïncida avec une instabilité politique et l'arrivée de colonisateurs venant de l'ouest. Pour finir, l'établissement de la suprématie britannique en Inde entraina un appauvrissement extrême de l'esprit indien.

VII. La renaissance

La troisième phase du développement religieux et spirituel en Inde ne put porter ses fruits naturels, mais elle fit beaucoup pour préparer de grandes possibilités d'avenir. L'importance de la troisième phase réside dans son message, qui était le suivant : si seul est développé le mental physique de l'homme ordinaire comme dans la période védique, et même si un effort plus important est fait pour former la partie psychique et émotionnelle de la nature de l'homme ordinaire, comme cela avait été tenté au cours de la période purano-tantrique, on ne pourra arriver à une spiritualisation de la vie collective. Ce qu'il faut, c'est transformer en réalité spirituelle l'entièreté de la vie mentale, psychique et physique de l'individu et de la collectivité, de façon à diviniser toute la vie humaine et la nature.

C'est pourquoi il est significatif que dès le milieu du XIXe siècle, il y eut une réaffirmation de l'esprit indien marquée par trois tendances : la réaffirmation de l'idéal spirituel, l'insistance sur le dynamisme et l'action créatrice, et l'insistance sur des formes de vie collective. Cette réaffirmation se fit à travers les œuvres de grandes personnalités telles que Raja Ram Mohun Roy, Dayananda Saraswati, Sri Ramakrishna et Swami Vivekananda, personnalités qui donnèrent à Inde une nouvelle vision et amenèrent un nouveau pouvoir à la fois pour l'éveil spirituel et pour la prospérité nationale. Le nouvel esprit nationaliste était à la fois spirituel et social, il symbolisait une nouvelle vibration.

Il est significatif aussi qu'au cours de cette renaissance, on redécouvrit les Védas et les Upanishads. L'enseignement ésotérique des Védas, réservé aux initiés pendant la période védique, apparut dans cette nouvelle perspective comme une source dans laquelle, encore aujourd'hui, l'hindouisme peut puiser lumière et pouvoir de régénération. La nouvelle vision ne demandait pas de simplement renouveler ou de prolonger le système puranique, mais pointait vers quelque chose que les voyants védiques percevaient comme le but de la vie humaine, et à quoi les sages védantiques donnèrent les formes claires et immortelles d'une révélation lumineuse. Cependant, l'hindouisme n'est pas appelé à revenir sous ses formes védiques. Le grand message de l'Inde moderne, lancé à travers la voix du grand Rishi, Sri Aurobindo, est de découvrir une lumière nouvelle et de développer de nouvelles formes. Non de retrouver ou de reproduire le passé mais, en tenant compte des trésors du passé, de libérer ou de développer de nouvelles connaissances, et même de se frayer de nouvelles voies. L'Inde renaissante, transcendant les frontières de la religion pour entrer dans la spiritualité pure ou le yoga intégral, a pour mission de trouver des solutions originales afin de construire une conscience intégrale capable de manifester puissamment la conscience divine dans tous les domaines d'activité : scientifique, philosophique, culturel, social, économique, politique.

VIII. L'esprit de synthèse

L'importance des Védas ne se limite pas au fait qu'il s'agit du premier texte sacré encore existant dans le monde, mais qu'il s'agit de l'interprétation de l'homme, du divin et de l'univers, la plus ancienne, et également que c'est une création poétique sublime et puissante. Les paroles des plus grands voyants, Vishwamitra, Vamadeva, Dirghatamas et d'autres, représentent les plus hauts sommets d'une poésie mantrique. Aux débuts de la tradition védique, c'est la multitude d'expériences psychiques et spirituelles partagées et exprimées par des centaines de voyants védiques qui détermina la nature de la religion et de la spiritualité indiennes. On peut constater que la spiritualité postvédique et ultérieure du peuple indien se trouvait dans les Védas sous forme de germe ou dans sa première expression.

La grande force de l'intuition et de l'expérience intérieure, si évidente dans les Védas et dans les Upanishads, a donné à l'esprit indien le sens et la réalité de la conscience et de la vision cosmiques. La perception de la réalité Une sous-jacente, la reconnaissance que la perception de l'unité est *vidya* [connaissance], et qu'il est nécessaire pour l'individu de se hisser de *avidya* [ignorance] à *vidya*, sont les fils conducteurs traversant toute la religion et la spiritualité indiennes ; l'enseignement védique les mit en avant de façon répétée. En même temps, il faut noter que même en admettant l'Un dépourvu de second, *ekam eva advitiyam*, il y avait pas dans les Védas et dans les Upanishads d'exclusion paralysante de la multiplicité et de la vie ; il y avait une acceptation claire de la dualité de l'Un, et une distinction entre Esprit et Nature ; il y avait également de la place pour plusieurs trinités et un million d'aspects de cet Un, *tad ekam*. Ceci créa, dans l'esprit indien, une aversion pour les exclusions intolérantes et mentales, et même si parfois il se concentre sur un seul aspect de la divinité – et qu'il ne semble ne voir que celui-là – il garde instinctivement au fond de sa conscience le sens du tout et l'idée de l'Un. Même si l'esprit indien a de nombreux objets d'adoration, à travers l'objet d'adoration et au-delà de la multitude de divinités il voit en même temps l'unité du suprême. Ce qui revêt une importance particulière, c'est que cette tournure d'esprit synthétique ne se limite pas aux penseurs mystiques ou philosophiques, mais qu'elle s'étend jusqu'à l'esprit populaire, qui a été immergé dans la puissance des pensées, images, traditions et symboles culturels, non seulement des Védas et du Védanta, mais également du Purana et du Tantra. Il existe dans l'esprit indien un monisme synthétique omniprésent, un unitarisme à multiples facettes et un large universalisme cosmique.

Mais il ne s'agit pas de nier le fait que des tendances, des pensées et même des mouvements religieux caractérisés par l'exclusivisme, ont émergé au cours de la longue histoire de l'Inde. Il y eut des revendications exclusives et des contre-revendications, voire des conflits et de l'intolérance. Mais les efforts de synthèse triomphaient généralement. Même dans le domaine de la philosophie où il existait des avis tranchés, la tendance à la synthèse finissait par dominer. Dans le domaine du yoga, il y eut aussi des spécialisations, des revendications exclusives et des contre-revendications ; les affirmations de la voie de la connaissance s'opposaient à celles de la voie de l'action et de la dévotion, et *vice-versa*, mais il y eut également de puissants systèmes de synthèse, tels que ceux des Védas, des Upanishads, de la Gîtâ et du Tantra ésotériques. Même dans une période plus récente, dans les mouvements des saints et des *bhaktas* il y eut une tendance nette à la synthèse, et même de nos jours, dans la vie yoguique de Sri Aurobindo et dans son yoga intégral, on voit la plus récente réaffirmation de la synthèse des disciplines du yoga.

La catholicité des Védas et des Upanishads permit d'impressionnants changements dans la forme de la culture religieuse et spirituelle indienne, tout en préservant son esprit. Lorsque nous examinons les changements qui se sont produits, nous pouvons y trouver un processus d'évolution significatif et une certaine logique. Dès les temps védiques, la religion indienne a eu tendance à fournir des moyens adaptés pour que la vie individuelle et collective puisse se développer par étapes graduelles et atteindre et expérimenter des vérités d'une existence supérieure et spirituelle. Il était reconnu qu'au début, rares étaient ceux pouvant atteindre les hauteurs sans danger et avec succès, mais les guides pionniers n'acceptaient pas la théorie selon laquelle nombreux sont ceux qui resteraient pour toujours sur les échelons inférieurs de la vie, et que seuls quelques-uns pourraient accéder à l'air libre et à la lumière ; l'esprit les poussait à régénérer tout le monde et la totalité de la vie physique sur terre. Il est vrai que cet esprit n'était pas tout le temps et partout conscient de son propre objectif dans sa totalité. Mais la tendance globale des riches variations à multiples facettes des formes, des enseignements et des disciplines de la religion et de la spiritualité indiennes, indique que le but poursuivi n'était pas seulement d'élever à des hauteurs inaccessibles quelques rares élus, mais de tirer vers le haut tous les êtres humains, toute la vie, toutes les parties et tous les plans de la personnalité humaine, de spiritualiser la vie et finalement de diviniser la nature humaine.

La spiritualité indienne telle qu'elle est dans les Védas, reconnaît les deux extrêmes de l'existence, le spirituel et le physique, et recherche l'expérience et la réalisation des plans supérieurs de l'esprit même dans la conscience physique *(prithvi)*. La légende des Rishis Angiras montre l'effort déployé pour découvrir le soleil perdu et les troupeaux lumineux dans les grottes de ténèbres symbolisant l'inconscience physique. On peut même dire que le yoga des Védas suggère que la découverte de la lumière de Surya Savitri est suivie et complétée par la découverte et le dévoilement de la lumière dans les grandes profondeurs des ténèbres de l'inconscient, *tamas*. Ce n'est pas le rejet de la matière et de la vie matérielle, mais la prise de conscience que la matière est aussi Esprit et que la vie matérielle elle aussi peut être un réceptacle pour la lumière et la félicité spirituelles et peut les manifester – cela semble être la base de l'enseignement védique.

C'est cette perception unificatrice qui peut expliquer que la religion et la spiritualité indiennes eurent pour pendant une culture vaste et foisonnante. Il est vrai que, sur ses sommets plus solitaires, du moins dans ses dernières périodes, la spiritualité indienne tendit vers une exclusivité spirituelle qui était, quelque soit sa grandeur, tout à fait excessive. En réalité, le résultat en fut que la culture indienne se révéla assez impuissante à gérer efficacement les problèmes de l'existence humaine ; en conséquence, il y eut un déclin général en science, philosophie et d'autres domaines concernant la vie. D'un autre côté, l'entrainement précédent, donné au mental physique par la religion védique, et, par la religion post-védique et purano-tantrique aux facultés intérieures, avait créé des conditions favorables pour la croissance et le développement de mouvements religieux et spirituels aux tendances multiples. Ces mouvements tentèrent de synthétiser les tendances en conflit et d'offrir à de plus en plus grandes sections de la société la possibilité de s'adonner à la formation et au développement spirituel. Bien qu'il y ait eu un ralentissement général de ces développements, la Renaissance indienne a maintenant introduit une nouvelle donne ; l'expression la plus consciente et la plus puissante de la nouvelle spiritualité a déclaré que l'objectif était non pas le salut individuel, mais le salut collectif. Elle a nié que la solution exclusive des problèmes de la vie humaine se trouvait dans un esprit de négation du monde ; elle a affirmé au contraire qu'il était possible de spiritualiser la vie sur terre.

La première préoccupation de l'Inde, comme elle s'est exprimée dans les Védas, était l'exploration de l'esprit dans la matière et de la matière dans l'esprit ; la seconde était de rechercher et de tenter de mille manières l'expérience extérieure et intérieure de l'âme, avec les conflits divers, avec même des affirmations et des dénis exclusifs, dans une tendance dominante vers un développement à multiples facettes des parties spirituelles, éthiques, intellectuelles, esthétiques, vitales et physiques de l'être, et vers une sorte de synthèse. Enfin la dernière préoccupation reprend les gains du passé – à la fois fardeau et trésor – et se tourne vers l'avenir avec une sorte de base de réalisation efficace, à partir de laquelle pourraient être entreprises les tâches nécessaires pour établir la vie divine sur terre avec la pleine participation de la race humaine.

Les missions de l'Inde renaissante :

Exposant les grandes lignes de ces missions de l'Inde renaissante, Sri Aurobindo déclare :

« Sa première tâche, sa tâche primordiale, sera de recouvrer sa connaissance et son expérience spirituelles d'autrefois, dans toute leur splendeur, leur profondeur, leur plénitude ; infuser cette spiritualité à des formes nouvelles en philosophie, dans la littérature, l'art, la science, la connaissance critique, sera sa seconde mission ; la dernière et la plus difficile consistera à traiter les problèmes actuels de façon originale à la lumière de l'esprit indien, et à trouver une formule permettant la synthèse élargie d'une société spiritualisée. La contribution de l'Inde à l'avenir de l'humanité se mesurera aux succès qu'elle remportera dans ces trois domaines. »[1]

---

1. Sri Aurobindo : *Les Fondements de la culture indienne*, Sri Aurobindo Ashram, p.23

Les caractéristiques notables de l'hindouisme

(telles qu'elles ont émergé au cours de l'histoire)

L'importance de l'histoire de cette religion qui ne s'est donné aucun nom mais à laquelle on a donné plus tard le nom d'hindouisme, réside dans le fait qu'elle s'est développée sous la forme d'un ensemble de religions fournissant à chaque être humain sa propre méthode d'expérience intérieure. L'hindouisme a commencé avec les Védas, il a développé de nombreuses branches d'expériences spirituelles, de pensées philosophiques et de systèmes répondant aux besoins émotionnels et vitaux, mais également aux demandes de la nature physique. Cette religion a maintenu un fil continu jusqu'à notre époque. Elle a réussi à donner l'exemple d'une pépinière féconde en épanouissement spirituel au sein d'une vaste école multidimensionnelle des disciplines de l'âme que sont l'effort et la réalisation de soi.

La continuité et le changement constituent une particularité de cette religion qui s'ouvre consciemment sur quelque chose qui va au-delà de la religion. Elle enseigne également aux individus et aux communautés comment se libérer des dogmes, des rituels ou des cérémonies extérieures, afin qu'ils entrent dans le royaume de l'esprit et fassent l'expérience de l'infinie réalité sous ses mille aspects différents.

Comme toutes les grandes religions, la religion indienne nourrit la croyance en une conscience ou une existence supérieure, universelle, transcendant l'univers, et elle enjoint à la vie individuelle la nécessité de se préparer au développement et à l'expérience. La manière dont cette antique religion s'est développée a ouvert des voies de connaissance et de discipline spirituelle ou religieuse solidement fondées et bien explorées, aux ramifications multiples et toujours plus étendues. Néanmoins, l'élément le plus distinctif de l'hindouisme est le fait qu'il ait établi, en étapes successives, une organisation de la vie collective et individuelle faite pour des niveaux de plus en plus élevés de la conscience humaine. Il a développé un système de disciplines et de codes de conduites personnelles et sociales, de développement mental, moral et vital, dans lequel chacun pouvait évoluer dans ses propres limites et selon sa propre nature, de manière à finalement devenir prêt pour l'existence supérieure.

Pour comprendre l'hindouisme, il faut comprendre sa longue et difficile histoire et en tirer des leçons sur sa signification. Pourquoi est-ce difficile de comprendre ce qu'est l'hindouisme ? Où est son âme ? Où trouve-t-on ses idées et une exposition de sa pensée ? Quelle est la forme de son corps ? Comment est-il possible qu'une religion existe sans dogmes rigides, sans postulats théologiques, sans même de théologie fixe ou de credo, qui la distingueraient des religions ennemies ou rivales ? On se demande aussi comment il est possible qu'une religion existe sans chef pontifical, sans ecclésiastiques à sa tête, sans Eglise, chapelle ou système congrégationnel, sans formes religieuses obligatoires pour ses fidèles, sans administration ou discipline unique. Comment est-il possible, on se demande encore et toujours, que l'hindouisme soit qualifié de religion alors qu'il permet même une sorte d'athéisme et d'agnosticisme de haut niveau et toutes sortes d'expériences spirituelles ou d'aventures religieuses ?

La réponse à ces questions se trouve dans le fait qu'au cours de sa longue histoire, l'hindouisme a dispensé, non seulement aux plus grands esprits et à l'élite, mais aussi à des masses de plus en plus grandes, un enseignement philosophique si subtil et une si large culture spirituelle que pour la mentalité hindoue le dogme est la partie la moins importante de sa religion. Ce qui compte, c'est l'esprit religieux, et non pas le credo théologique.

Précisons davantage.

Le penseur religieux hindou réussit à diffuser largement l'idée que les vérités éternelles les plus élevées sont des vérités de l'esprit, et que les vérités suprêmes sont le fruit d'expériences intérieures de l'âme, et pas de raisonnements logiques ou d'affirmations de croyances.

En Inde, un courant de pensée continu a toujours délivré le message qu'il n'y a pas de vraies ou de fausses religions, mais que toutes les religions sont vraies à leur manière et à leur niveau. Chaque religion est reconnue comme l'un des mille chemins menant vers l'éternel Un, lequel peut être formulé de différentes façons par différents esprits.

Lorsque l'on étudie l'histoire de l'hindouisme, il devient clair que ce sur quoi il a insisté le plus a toujours été la poursuite de l'éternel

Un, peu importe sa conception ou sa forme, pour l'atteindre grâce à l'expérience intérieure, et pour vivre en lui en toute conscience. Une école ou une secte pourra considérer le véritable Soi de l'homme comme indivisible et ne faisant qu'un avec le Soi universel ou l'esprit suprême. Une autre, elle, pourra considérer que l'homme ne fait qu'un avec le divin en essence mais qu'il en est différent en nature. Une troisième considérera que Dieu, la nature et l'âme individuelle de l'homme sont trois pouvoirs d'être éternellement différents. Mais pour toutes, la vérité du Soi est affirmée avec la même force ; car même pour les dualistes indiens, Dieu est le Soi, il est la réalité suprême, en qui et par qui la nature et l'homme vivent, se déplacent et ont leur être. Esprit, nature universelle (qu'elle soit appelée *Maya*, *Prakriti* ou *Shakti*), âme dans les êtres vivants (*Jiva*), sont les trois vérités universellement admises par toutes les sectes et philosophies religieuses qui s'opposent à l'intérieur de l'hindouisme. Elles diffèrent uniquement quant aux relations entre elles trois. Universelle est aussi l'admission que la condition de la perfection spirituelle réside dans la découverte du Soi spirituel intérieur de l'homme, de l'âme divine en lui, et dans une sorte de contact vivant et unificateur ou d'unité absolue de l'âme humaine avec Dieu, le Soi suprême ou le Brahman éternel. La possibilité de concevoir le divin et d'en avoir des expériences comme d'un absolu ou comme d'un infini impersonnel est ouverte aux adeptes ; ils peuvent également l'approcher, le connaître et le sentir comme une personne transcendante, universelle et éternelle. Mais quelle que soit notre façon de l'atteindre, la vérité importante de l'expérience spirituelle est que le divin est au cœur et au centre de toute existence, que toute existence est en lui et que de le trouver est la grande découverte intérieure. Les différences de croyances ne sont pour l'esprit hindou rien de plus que différentes façons de voir le Soi unique et Dieu en tout.

Dans l'hindouisme, se réaliser est la seule tentative qui soit commune à tous ; ouvrir l'esprit intérieur, vivre dans l'infini, chercher et découvrir l'éternel, être en union avec Dieu, voilà l'idée commune à tous et l'objectif de la religion ; c'est le sens du salut spirituel, et c'est la vérité vivante qui accomplit et libère. Cette dynamique, de la poursuite de la plus haute vérité spirituelle et de l'objectif spirituel le plus haut, est le but commun à tout l'hindouisme, et derrière ses milliers de branches, c'en est l'essence commune à tous.

On se doit de noter que l'histoire de la spiritualité et de la religion hindoues révèle un remarquable esprit d'expérimentation et de recherche, d'une subtilité et d'une souplesse toujours plus grande, une exploration des profondeurs, une quête toujours croissante. Il y a eu des systèmes de spécialisation, des affirmations et contre-affirmations conflictuelles, mais la tendance dominante a été de combiner, d'assimiler, d'harmoniser et de synthétiser. Quatre grands systèmes de synthèses de l'histoire hindoue sont clairement identifiables, et ils sont représentés par les Védas, les Upanishads, la Gîtâ et le Tantra. À notre époque, l'hindouisme se trouve dans la cinquième phase de synthèse, représentée par une nouvelle synthèse qui est en train de se faire.

C'est remarquable de voir à quel point, à travers différentes phases de développement historique, l'hindouisme a réussi une subtile combinaison de stabilité et d'ordre spirituel d'un côté, et de liberté spirituelle sans entraves d'un autre.

Dans un premier temps, il y a eu la reconnaissance de principes toujours plus larges et d'Écritures autorisées. Certains de ces textes, tels que la Gîtâ, possédaient une autorité qui était reconnue très généralement, d'autres étaient spécifiques à des sectes ou à des écoles. Certains, comme les Védas, étaient censés avoir force de loi, absolue ou relative. Cependant, on prenait grand soin de maintenir la liberté d'interprétation, et cela évitait qu'une de ces Écritures faisant autorité ne soit utilisée comme instrument d'une tyrannie ecclésiastique, comme négation de l'esprit et de la pensée humaine. Un autre instrument servant à l'ordre était la puissance des traditions familiales et communautaires, le *kula-dharma*, persistant mais pas immuable. Le troisième instrument était l'autorité religieuse des brahmanes, qui étaient prêtres et érudits, gardiens de l'observance, mais plus encore gardiens de la tradition religieuse. Et enfin, la stabilité et l'ordre spirituel étaient garantis par la succession des gourous et des maîtres spirituels. À un moment de l'histoire, des institutions, les *sanghas* [sangha = groupe, communauté] se sont développées : une sorte de partage d'autorité pontificale institué par Shankaracharya, puis le Khalsa sikh, puis l'adoption de la forme congrégationnelle du *samaj* par les sectes modernes réformatrices. Il faut noter que, même lors de ces tentatives, la liberté, la souplesse et la sincérité vivante de l'esprit religieux indien ont toujours évité l'émergence de quoi que ce soit ressemblant à un ordre ecclésiastique exagérément important aux hiérarchies despotiques.

La conséquence de tout cela est qu'il est impossible de donner à la spiritualité et la religion hindoues une appellation exclusive. Même dans ses nombreuses formes, on ne peut pas le décrire comme monothéisme, ni panthéisme, ni déisme, ni transcendantalisme, bien que chacun de ces éléments soit présent en lui de manière implicite ou explicite. Même les vérités spirituelles qui se cachent derrière des formes primitives, telles que l'animisme, le fétichisme, le totémisme, ont été autorisées à jouer un rôle dans sa totalité si complexe – bien que leurs formes extérieures aient été découragées et ne soient pas applicables à ceux qui mènent une vie mentale et spirituelle intérieure. C'est cette complexité qui perturbe le chercheur étranger, lequel essaie de définir l'hindouisme en des termes et selon des critères qui ne sont pas issus des grands mouvements historiques indiens. Mais les choses deviennent plus simples une fois que l'on saisit que le point de référence fondamental n'est pas la forme extérieure des croyances, mais l'esprit par derrière et l'expérience spirituelle qui la justifie.

L'hindouisme est l'adoration de la divinité une, qui est le Tout, car tout dans l'univers est Cela ; les divinités sont faites de Cela. La religion hindoue n'est donc pas un panthéisme, car au-delà de l'universalité, elle reconnaît l'éternel supracosmique. Le polythéisme hindou n'est pas le paganisme tel qu'on l'entend habituellement. Dans l'hindouisme, l'adorateur de plusieurs dieux sait toujours que toutes ses divinités, ses formes, ses noms, et ses personnalités sont les pouvoirs de l'Un. Ses dieux sont des énergies de l'unique force divine. Même le culte indien des idoles n'est pas l'idolâtrie d'un esprit barbare ou arriéré, car même les plus ignorants savent que l'image est un symbole et un support et qu'on peut s'en passer quand son usage est terminé.

Toutes les formes des religions dans l'hindouisme sont orientées irrésistiblement vers les vérités insondables du Védanta. L'hindouisme se distingue seulement des autres croyances grâce à ses écrits, ses cultes et ses symboles traditionnels. Cependant, l'importance de l'hindouisme réside dans la façon dont il s'est façonné de manière à conserver son caractère essentiel qui est un vaste système de culture spirituelle, système multiforme, progressif et s'élargissant de lui-même, au sommet duquel se trouvent tous les systèmes de yoga et les synthèses de yoga, d'exploration, de vérification et d'acquisition de nouvelles connaissances.

L'hindouisme a évité l'erreur qu'est l'imposition d'une règle dogmatique et inflexible, unique à chaque homme et chaque femme sans se soucier du potentiel de leur propre nature. Il a compris la nécessité de les tirer doucement vers le haut et de les aider à s'élever continuellement dans l'expérience religieuse et spirituelle. À cette fin, chaque nature humaine, chaque tendance spécifique, trouve une place dans le système. Entourée par les idées spirituelles et par l'influence religieuse appropriée, chaque nature humaine bénéficie d'étapes graduées à travers lesquelles elle peut s'élever vers sa propre possibilité et signification spirituelles. Le sens spirituel le plus haut est défini sur les sommets de chaque pouvoir évolutif de la nature humaine. C'est pourquoi il est dit de manière significative que, pour un hindou, la vie toute entière est religion. Aucun pas ne peut être fait vers la vie intérieure ou extérieure sans qu'il y ait un rappel de l'importance spirituelle de la vérité sous-jacente.

Le facteur qui a rendu possible cette influence de la religion et de la spiritualité omniprésente dans chaque discipline hindoue, est l'idée de l'*adhikara*. L'hindouisme a érigé à son sommet un appel spirituel extrêmement puissant, une norme de conduite que l'on peut considérer comme absolue. Mais il n'a pas œuvré avec une rigidité sommaire. Il reconnaît que, dans la vie, il existe d'infinies différences entre un être humain et un autre. Certains sont plus profondément évolués, d'autres sont moins mûrs ; beaucoup, si ce n'est la plupart, sont des âmes dans l'enfance incapables de faire de grands pas ou des efforts difficiles. Il faut s'occuper de chacun en fonction de sa propre nature, des dispositions de son âme, et du besoin qu'il ou elle a de s'élever au niveau supérieur. Selon l'*adhikara* ou les qualifications que l'on possède, un effort correspondant est fixé et demandé.

En pratique, une gradation de trois niveaux d'élévation de la conscience humaine a été reconnue et établie :

– Le premier niveau est celui de la personne fruste, peu évoluée, encore extérieure, encore centrée sur le vital et le physique ;
– Le second est plus développé et capable d'expériences psycho-religieuses bien plus fortes et profondes ;
– Le troisième est celui du plus mûr et du plus développé de tous, prêt pour les hauteurs spirituelles, apte à recevoir la plus haute vérité de la réalité spirituelle ou à s'élever vers elle.

C'est pour répondre aux besoins du premier niveau que l'hindouisme a créé cette multitude de cérémonies suggestives, de rituels frappants, de règles et d'injonctions extérieures strictes, et tous ces festivals aux symboles fascinants et convaincants. Dans les temps védiques le rituel sacrificiel extérieur, dans les temps ultérieurs les formes et cérémonies religieuses du temple et les fêtes constantes, sont destinés à ce premier niveau. Pour un esprit développé, beaucoup de ces choses pourraient sembler faire partie d'une religiosité ignorante ou à moitié endormie, mais elles ont leur vérité sous-jacente et leur valeur psychique, et elles sont indispensables à ce niveau pour le développement et pour l'éveil difficile d'une âme enlisée dans l'ignorance de la nature matérielle.

La majorité des personnes appartenant au second niveau peuvent partir de ces choses-là pour voir ce qu'il y a derrière. Elles sont capables de comprendre plus clairement et plus consciemment la vérité des conceptions de l'intelligence, les indications esthétiques, les valeurs éthiques, et toutes les autres indications médiatrices que l'hindouisme a pris soin de placer derrière ses symboles. Ces vérités intermédiaires donnent vie aux formes extérieures du système, et ceux qui les saisissent peuvent passer par ces repères mentaux pour aller vers des choses qui sont au-delà du mental et s'approcher des vérités les plus profondes de l'esprit.

Pour les personnes appartenant à ce second niveau, la religion et la spiritualité fournissent un riche matériel sous forme de recherches philosophiques, psycho-spirituelles, éthiques, esthétiques et émotionnelles. À ce niveau, les systèmes philosophiques entrent en jeu, les débats subtils et éclairants des penseurs, les élans de dévotion passionnés et les idéaux austères du *dharma*.

Le troisième niveau, le plus haut niveau d'évolution spirituelle, passe outre tous les symboles et significations intermédiaires afin d'atteindre l'absolu et universel amour divin, la beauté du Tout-Beau, le *dharma* le plus noble de tous, celui de l'unité avec tous les êtres, la compassion et la bienveillance universelle, et le soulèvement de l'être psychique dans l'extase spirituelle. C'est là que l'hindouisme propose différents systèmes de yoga afin d'atteindre une identité avec le Soi et l'esprit, ou pour arriver à vivre en ou avec Dieu, pour arriver à l'exercice de la justice divine, et à l'universalité spirituelle la plus haute connectée à la transcendance.

Le système de l'hindouisme, qui fournit à chaque individu les conseils nécessaires, l'inspiration requise et la loi de développement nécessaire, est constitué de trois cercles, composés chacun de quatre niveaux.

Le premier cercle est composé des quatre *purusharthas*, c'est-à-dire de la synthèse et gradation des quatre objets de la vie : désir vital et jouissance hédoniste (*kama*), intérêt personnel et collectif (*artha*), loi morale du droit et du devoir (*dharma*) et libération spirituelle (*moksha*).

Le second cercle est composé de l'ordre quadruple de la société, soigneusement classé et doté de fonctions économiques définies et de significations culturelles, éthiques et spirituelles plus profondes. Cet ordre, appelé *varna vyavastha*, confère au brahmane la fonction et le *dharma* de la recherche de la connaissance, au *kshatriya* la fonction et le *dharma* de la recherche du courage et de l'héroïsme. Il donne ensuite au *vaishya* la fonction et le *dharma* de l'échange, de la mutualité et de la subsistance économique de la société, et au *shudra* la fonction et le *dharma* de la recherche de l'habileté, du travail et du service.

Le troisième cercle de l'hindouisme est celui du quadruple système des stades successifs de la vie : l'élève, le chef de famille, l'ermite de la forêt, et l'homme libre supra-social. Ce cadre, nommé *ashrama vyavastha*, assigne à l'élève la fonction et le *dharma* de l'étude, de la discipline et du contrôle sur ses désirs (*brahmacharya*), à l'homme au foyer (*grihastha*) la fonction et le *dharma* du mariage et des nombreuses responsabilités concernant les relations familiales et sociales. Il confère ensuite à l'ermite de la forêt (*vanaprastha*) la fonction et le *dharma* du retrait des occupations ordinaires afin qu'il ne s'occupe que de réflexion, de contemplation et de transmission de l'éducation à lui-même et aux autres. Pour l'homme libre supra-social (*sanyasin*) la fonction et le *dharma* sont si vastes et libres qu'il peut ultimement atteindre le niveau le plus élevé et le plus parfait de conscience et d'action.

Cette structure de l'hindouisme a maintenu son efficacité au cours de la période védique et héroïque de la civilisation, puis elle s'est effritée lentement ou a perdu peu à peu son ordre et ce qui en faisait un tout. Mais les traditions ont eu un effet important tout au long de la période de dynamisme culturel. Et plus tard, alors que la structure était en déclin, quelque chose de l'ancien et noble système aryen a persisté. Même de nos jours, alors qu'il y a le besoin de construire un nouveau cadre, les conceptions originelles qui se cachaient derrière l'ancien cadre promettent de jouer un rôle majeur, et elles donneront probablement lieu à de nouvelles formes qui exprimeront les anciens objectifs spirituels, mais également les idéaux modernes qui tentent de se réaliser dans la vie des collectivités.

Il est important de souligner le fait que l'objectif recherché par l'hindouisme a encouragé et a suscité un développement à multiples facettes de tous les aspects de la nature humaine et de toutes les parties de l'être. Dans ce but, l'hindouisme a permis des expériences audacieuses et aventureuses, et a montré qu'on ne peut atteindre l'infini dans sa plénitude qu'en s'étant développé intégralement. C'est la raison pour laquelle l'hindouisme souligne la valeur de la vie, et insiste sur un enseignement embrassant de multiples disciplines. Même les religions et les philosophies les plus extrêmes, qui considèrent la vie comme finalement vide de sens, n'ont pas perdu de vue qu'un développement intellectuel, émotionnel ou dynamique de haut niveau est nécessaire si l'on veut atteindre le permanent et l'absolu, qui sont perçus comme la négation de l'être temporel. On a accordé leur juste place et leur juste valeur aux leçons tirées de ces positions extrêmes.

Il faut noter qu'au début, la religion védique ne niait pas la vie. Les Upanishads, elles non plus, ne nient pas la vie ; elles soutiennent que le monde est une manifestation de l'éternel, du Brahman. Elles disent que tout ici-bas est Brahman, tout est dans l'Esprit et l'Esprit est en tout, que l'Esprit né de lui-même est devenu toutes choses et toutes créatures ici-bas. D'après elles, la vie aussi est Brahman ; le souffle de vie, *vayu*, est le Brahman *pratyaksha*, manifesté et perceptible. Mais elles affirment que l'existence présente de l'homme n'est pas la plus haute possible ni le tout. Elles soulignent que l'être humain peut se réaliser et se perfectionner en s'élevant au-dessus de l'ignorance physique et mentale vers la connaissance de soi spirituelle. L'esprit hindou a toujours lutté contre les idées négatives et pessimistes concernant la vie. De nos jours, les mouvements de la pensée et de la religion hindoue les plus essentiels sont à nouveau en train de se tourner vers une synthèse de la spiritualité et de la vie, ce qui était un élément fondamental de l'ancien idéal de l'Inde.

C'est la motivation de l'affirmation de la vie qui est à l'origine de ce que l'Inde a tenté et réussi de mieux dans de nombreux domaines de la vie : spirituel, religieux, philosophique, éthique, esthétique, scientifique, technologique, littéraire, économique, social et politique. Là encore, l'accent mis par les hindous sur la vie a permis que cette culture ait été partagée par la nation entière dans la vie courante. Tout le but de l'hindouisme, c'est que la connaissance de Dieu, de l'âme et du monde se répande progressivement parmi des sections de plus en plus larges de population. On peut remarquer qu'à chaque période de l'histoire de l'hindouisme, des groupes de plus en plus grands ont été incorporés dans un mouvement hindou ne cessant de s'élargir.

En résumé, on peut dire que tout le sens des efforts de l'hindouisme a été d'assurer le développement de la spiritualité dans toutes les parties de l'humanité, d'aider l'être humain à devenir non seulement conscient de l'éternel et de l'infini, mais également à vivre, universalisé, spiritualisé et divinisé, dans sa puissance. L'objectif n'est pas uniquement d'amener les individus à des états de perfection intégrale, mais aussi d'aider l'humanité entière à trouver son épanouissement dans la réalisation de l'harmonie et de la perfection collectives.

Les Védas à la lumière de Sri Aurobindo

I

Les Védas, ou du moins les samhita du Rig-Véda, semblent être la composition littéraire de l'humanité la plus ancienne. Il se peut qu'il y ait eu des compositions plus anciennes ou contemporaines, mais elles se sont perdues dans les vents et marées du temps, et on ne sait pas quelles idées ou aspirations elles exprimaient. Cependant, dans ces temps anciens, il existait de grandes traditions de mystères – les mystères orphiques et éleusiniens en Grèce, le savoir occulte et de magie chez les Égyptiens et les Chaldéens, ou encore celui des mages de Perse et des Rishis en Inde. Il est donc possible qu'il y ait eu quelque chose de commun entre toutes ces traditions, mais quoi, on peut seulement l'imaginer à l'aide des Védas, qui est le seul vestige de son genre provenant de ces temps reculés.

On ne connaît pas l'âge des Védas, il y a cependant des spéculations et des considérations qui lui supposent une formidable ancienneté. Toutefois, le texte des Védas que l'on possède aujourd'hui semble être resté le même depuis plus de deux mille ans, car un texte reproduisant fidèlement la moindre syllabe, le moindre accent était quelque chose de suprêmement important pour les ritualistes védiques. Le caractère sacré du texte interdisait ces interpolations, altérations et modernisations, telles celles qui ont affecté la forme du texte du Mahabharata.

Il n'y a presque aucun doute sur le fait que les samhita sont restées intactes en substance, après qu'elles ont été rassemblées par le grand sage et compilateur Vyasa. Grâce à la fidélité de la mémoire des anciens et de leurs successeurs, qui poursuivent leur tradition aujourd'hui encore, on dispose d'un texte qui n'appelle pas un travail de correction s'autorisant des libertés. Dans la tradition de base du Véda, qui s'étend sur au moins quatre mille ans en Inde, il était considéré comme faisant autorité et comme détenteur de vérité par les Brahmanas et les Upanishads, par les Tantras et les Puranas, dans les doctrines des grandes écoles philosophiques orthodoxes et dans les enseignements de saints et de sages célèbres.

Le mot même *Véda* signifie *connaissance*, et par *connaissance*, la tradition entend celle de la vérité spirituelle la plus élevée dont l'esprit humain est capable. En revanche, les interprétations courantes du Véda, et celles des érudits occidentaux modernes, nous mènent à la conclusion que la sublime tradition sacrée du Véda en tant que livre de connaissance, est une fiction colossale. D'après eux, le texte védique ne serait composé que des inventions naïves et superstitieuses de barbares incultes et matérialistes, préoccupés uniquement par les gains et jouissances les plus superficielles, et pratiquement ignorants de toute notion morale et aspiration religieuse la plus élémentaire. Ils reconnaissent évidemment que quelques passages sont pourvus d'une signification profonde, mais ceux-là sont jugés en désaccord avec la tendance générale de l'ensemble du corpus. Ils voudraient nous faire croire que le véritable fondement ou point de départ des religions et philosophies ultérieures est l'Upanishad. Et que celle-ci, à son tour, doit être comprise comme une révolte des esprits philosophiques et spéculatifs contre le matérialisme rituel des Védas.

Comment doit-on comprendre cette contradiction ? Comment l'éviter ou la résoudre ? Lorsque l'on tourne les pages de la littérature védique, on tombe dans toutes sortes de confusions, et, bien que l'on puisse acquérir quelques connaissances ici et là, c'est seulement avec Sri Aurobindo que l'on peut trouver une claire énonciation du problème et de sa solution.

Il est intéressant de noter que même Sri Aurobindo avait, au départ, accepté sans examens et avant même de lire les Védas, les conclusions des érudits européens à propos du sens religieux, historique et éthique des hymnes védiques.

Ses pensées ne se tournèrent vers les Védas qu'après son arrivée à Pondichéry en 1910, au cours de ses expériences yoguiques. Il faut rappeler qu'à son arrivée à Pondichéry, Sri Aurobindo était déjà fermement établi dans deux réalisations fondamentales du yoga, et qu'il avait fait une découverte qui servait de base à sa troisième grande réalisation, celle de la transition entre le mental et le supramental et du supramental lui-même.

Sa première réalisation fut celle du Brahman transcendant et silencieux. Il l'avait atteinte en trois jours de concentration à Baroda, en 1907 quand, guidé par un yogi, Lélé, il arriva à un silence absolu du mental.

Sa deuxième réalisation majeure vint à lui alors qu'il était détenu dans la prison d'Alipore en 1908, durant son procès pour sédition. C'est là que sa première réalisation, celle du Brahman silencieux, s'élargit en celle du divin universel et dynamique, et il prit conscience de la présence et de l'action dynamique de Sri Krishna Vasudeva en toute chose. Dans cette même prison, Sri Aurobindo entendit la voix de Swami Vivekananda pendant deux semaines et reçut de lui la connaissance des plans de conscience entre le mental et le supramental.

Après son acquittement, Sri Aurobindo continua ce développement intérieur yoguique, ce qui l'amena, obéissant à un ordre direct du divin, à quitter Calcutta et à partir pour Pondichéry, après un court séjour à Chandernagor. À Chandernagor, Sri Aurobindo vécut dans une méditation profonde où, alors que dans son processus descendant de yoga il avait atteint le dernier niveau du subconscient physique, dans son processus ascendant, il eut une vision de l'extrême limite du surmental. À un certain niveau d'intensité, Sri Aurobindo se retrouva précipité dans la lumière suprême. Il avait touché le supramental.

Après son arrivée à Pondichéry, quand il commença à étudier les Védas, Sri Aurobindo découvrit que le supramental était un secret perdu des Védas. Il trouva, dans le Rig-Véda, beaucoup d'explications de ses propres expériences, et comprit comment les Rishis védiques avaient ouvert le grand passage, *mahas panthah*. Il donna lui-même de brèves indications sur sa découverte du secret des Védas, et elles sont si intéressantes que l'on s'y réfère ici :

« Mon premier contact avec la pensée védique est venu indirectement, alors que je poursuivais certaines lignes de développement intérieur basées sur la méthode du Yoga indien, lignes qui, sans que je le sache, ont spontanément convergé vers ces voies ancestrales, et maintenant désertées. Apparut alors dans mon esprit une série de noms symboliques reliés à certaines expériences psychologiques qui avaient commencé à se stabiliser ; et parmi eux vinrent se ranger les figures de trois énergies féminines, Ila, Sarasvati, Sarama, représentant respectivement trois des quatre facultés de la raison intuitive – révélation, inspiration et intuition...

...Je ne tardais pas à m'apercevoir que les allusions védiques à une division raciale entre Aryens et Dasyus, tout comme l'assimilation de ces derniers aux Indiens autochtones, étaient encore plus douteuses que je ne l'avais imaginé. Mais le plus intéressant pour moi, de loin, a été de découvrir, délaissé au milieu de ces hymnes vénérables, un corpus considérable de notions et d'expériences psychologiques profondes. Et l'importance de cette découverte s'est accrue à mes yeux quand j'ai réalisé deux choses ; premièrement, que les mantras des Védas illuminaient d'une lumière claire et précise des expériences psychologiques que j'avais eues et pour lesquelles je n'avais trouvé aucune explication satisfaisante ni dans la psychologie européenne ni dans les écoles de Yoga ni dans l'enseignement du Védanta, pour autant que je les connaisse ; et deuxièmement, que ces mantras éclairaient certaines idées ou passages obscurs des Upanishads auxquels auparavant je ne pouvais attribuer un sens précis, en même temps qu'ils donnaient une nouvelle signification à une grande partie des Puranas. »[1]

Dans les hymnes du Vamadeva, il y a une formule profonde, dans laquelle le poète évoque les paroles secrètes de la connaissance qui révèlent leur signification uniquement au voyant : *« ninya vacamsi nivacana kavaye kavyani. »* Cette phrase est illustrée de manière frappante par le fait que les paroles secrètes des Védas, ignorées du prêtre, du ritualiste, du grammairien, du critique, de l'historien ou du mythologue, révélèrent leur secret au poète-voyant, Sri Aurobindo. Les expériences de Sri Aurobindo confirment la croyance des Rishis védiques qui était que leurs mantras étaient inspirés par un plan de conscience plus élevé et caché, qu'ils contenaient une connaissance secrète, et que les paroles des Védas ne pouvaient être comprises que par celui qui était lui-même voyant ou mystique.

Dans l'un des hymnes du Rig-Véda (Rig-Véda X.71), la parole védique est décrite comme la parole la plus haute, la meilleure et la plus parfaite. Il est dit que c'est quelque chose qui est caché dans un endroit secret, qui en sort et qui se manifeste. On dit que cette chose pénètre dans les voyants de la vérité et dans les Rishis, et qu'on la trouve en suivant les traces de leur discours. Tout le monde ne peut entrer dans sa signification secrète. Il est écrit que ceux qui n'en connaissent pas le sens intérieur sont comme des hommes qui ont des yeux mais ne voient pas, qui ont des oreilles mais n'entendent pas ; telle une femme magnifiquement vêtue qui ne dévoile son corps

---

1. Sri Aurobindo : *Le Secret des Védas*, Sri Aurobindo Ashram, p.34-7

qu'à son mari, ainsi le Verbe n'en désire qu'un seul, ici et là. Ensuite, on nous dit que pour les autres incapables de boire régulièrement le lait du Verbe, la vache védique est comme une qui ne donne pas de lait. Pour ceux-là, le Verbe est un arbre sans fruits et sans fleurs. Tout cela semble se confirmer dans les expériences de Sri Aurobindo des hymnes védiques. Il semble que, dès que Sri Aurobindo toucha le Verbe védique, ses vibrations intérieures et secrètes commencèrent à dévoiler leurs résonances avec ses propres expériences spirituelles et le Mot commença à révéler son secret.

D'après Sri Aurobindo, les hymnes des Védas possèdent une forme métrique finie, une subtilité et une habileté technique constante, de grandes variations de styles et un caractère poétique. Ils ne sont pas, affirme-t-il, l'œuvre d'artisans grossiers, barbares et primitifs, mais le souffle vivant d'un art suprême et conscient, formant ses créations dans le mouvement puissant, mais bien maîtrisé, d'une inspiration qui s'observe elle-même.

La poésie védique est une poésie mantrique, et, comme l'écrit Sri Aurobindo dans son livre *La Poésie future*, le mantra n'est possible que lorsque les trois intensités les plus élevées de la parole se rencontrent et ne forment plus qu'un ; une intensité maximale du mouvement rythmique, une intensité maximale de la forme verbale alliée à la substance de la pensée, et du style, et une intensité maximale de la vision de la vérité par l'âme. Dans la vision de Sri Aurobindo, les poètes védiques sont maîtres d'une technique parfaite et leurs rythmes sont sculptés tels les chariots des dieux et portés sur les ailes vastes et divines du son. A la fois concentrés et déployés en vagues immenses, leurs mouvements sont majestueux et leurs modulations subtiles, le verbe a l'intensité du lyrisme et la grandeur de l'épopée – paroles de puissance, pures, audacieuses, au dessin grandiose, langage direct et bref, débordant de sens et de suggestions, de sorte que chaque vers existe à la fois comme une chose puissante qui se suffit à elle-même et aussi comme un élément prenant sa place entre ce qui précède et ce qui suit et menant de l'un à l'autre.

Dans les vers des plus grands voyants, Vishwamitra, Vamadeva, Dirghatamas et bien d'autres, Sri Aurobindo découvrit les plus hauts sommets d'une poésie sublime et mystique. Il en conclut que l'Inde ancienne ne s'était pas trompée lorsqu'elle faisait remonter toute sa philosophie, sa religion et tous les éléments essentiels de sa culture aux poètes-voyants. Il découvrit que la spiritualité future des Indiens y était contenue toute entière en germe ou comme une première expression.

D'après Sri Aurobindo, les Rishis védiques ont découvert les secrets et les pouvoirs de la nature, qui ne sont pas ceux du monde physique, mais qui peuvent procurer une maîtrise occulte sur ce monde et sur les choses physiques ; transmettre et systématiser cette connaissance et ce pouvoir occulte était également l'une de leurs sérieuses préoccupations. En développant ce point, il dit :

« Mais tout cela ne pouvait être effectué sans risques qu'à travers une formation exigeante et méticuleuse, une discipline, une purification de la nature ; cela ne pouvait être réalisé par l'homme ordinaire. Si les hommes se lançaient dans ces choses sans un test et une formation rigoureuse, c'était dangereux pour eux-mêmes et pour les autres. Ces pouvoirs pouvaient être utilisés à mauvais escient, mal interprétés, ou détournés du vrai au faux, du bien au mal. Par conséquent, le secret était strictement maintenu, la connaissance passait à couvert de maître à disciple. Un voile de symboles fut créé derrière lequel ces mystères pouvaient s'abriter, des formules furent créées également ; elles pouvaient être comprises par les initiés, mais étaient soit inintelligibles aux autres, soit prises dans un sens extérieur qui recouvrait soigneusement leur véritable signification et leur secret. »[1]

Ensuite, Sri Aurobindo commença à étudier les Brahmanas, les Upanishads, et diverses autres interprétations des Védas. Il examina les érudits védiques, commençant par Yaska et finissant par Sayana ; il étudia les éléments mythologiques, légendaires et historiques ; il essaya les théories modernes et les recours à la philologie comparative ; il étudia les contributions de Tilak et les interprétations de Swami Dayananda ainsi que la thèse avancée par M. Aiyar. Il formula finalement une hypothèse à partir de laquelle il mena sa propre enquête. D'après son hypothèse :

« Les Védas possèdent un double aspect et ces deux aspects, bien qu'étroitement associés, doivent être traités séparément. Les Rishis ont agencé la substance de leur pensée selon un système de valeurs parallèles, les mêmes divinités représentant simultanément des Pou-

---

1. Sri Aurobindo : *Hymnes au feu mystique*, édition du Centenaire, p. 4

voirs subjectifs et objectifs de la Nature universelle, et ils ont réussi à le formuler en s'appuyant sur un discours ambivalent, où un même langage servait à la fois les deux aspects de leur culte. Le sens psychologique prédomine pourtant et il est plus fréquent, mieux intégré et plus cohérent que le sens littéral. Les Védas sont destinés avant tout à faciliter l'illumination et le développement spirituels. »[1]

La tâche entreprise par Sri Aurobindo fut de restaurer les intentions originelles des Védas, et dans cette tâche, il fit appel à chacun des systèmes d'interprétation anciens et modernes et trouva dans chacun d'eux une aide indispensable. Il constata que Yaska et Sayana fournissaient le cadre rituel des symboles extérieurs et une grande masse de significations et d'explications traditionnelles. Dans les Upanishads, il trouva plusieurs indices quant aux idées psychologiques et philosophiques des Rishis védiques, et il souligna leurs méthodes d'expérience et d'intuition spirituelles. Chez les érudits européens, il appréciait la méthode critique de la recherche comparative, qui, une fois perfectionnée, se révélerait capable d'augmenter immensément les matériaux disponibles et, donc, finalement, de donner une certitude scientifique et une base intellectuelle solide. De Swami Dayananda, il reçut la clé des secrets linguistiques des Rishis et l'idée de l'être Un avec les dévas, exprimant sous de nombreux noms et formes les multiples facettes de Son unité.

II

D'après la théorie psychologique présentée par Sri Aurobindo dans ses livres *Le Secret des Védas* et *Hymnes au feu mystique*, les Védas admettent l'existence d'un être Non-connaissable, Intemporel et Ineffable derrière et au-dessus de toutes choses, qui n'est pas saisissable par les poursuites studieuses du mental. On peut trouver une énonciation claire de cette vision dans le Rig-Véda, dans le 170e hymne du premier mandala, dans laquelle Indra déclare :

« Cela n'est pas aujourd'hui, Cela n'est pas demain ; qui connaît Ce qui est Suprême et Admirable ? Cela a mouvement et action dans la conscience de l'autre, mais, approché par la pensée, Cela s'évanouit. »

Impersonnellement, c'est Cela, l'unique existence, *tad ekam*, mais

---

1. Sri Aurobindo : *Le Secret des Védas*, Sri Aurobindo Ashram, p. 30

pour notre personnalité, il sort du secret des choses et se révèle à nous comme Dieu ou *déva*, le sans nom aux noms multiples.

La réalité suprême est existence divine, constructeur de mondes, seigneur et géniteur de tout être, mâle et femelle, être et conscience, père et mère des mondes et de ses habitants. Elle est également leur fils, et le nôtre ; car elle est l'enfant divin né au sein des mondes, qui se manifeste dans la croissance de la créature.

La réalité suprême est un triple principe divin et elle est la source de la béatitude. Le *déva*, cette réalité, est l'ami et l'amant de l'homme, le maître pastoral des troupeaux, qui nous donne le doux lait et le beurre clarifié de la mamelle de la vache lumineuse de l'infini, *Aditi*. Ce *déva* est à trouver par l'âme de l'homme, cette âme qui monte en flèche, volant comme l'oiseau, *Hamsa*, passe les firmaments brillants de la conscience physique et mentale, s'élève comme un voyageur et un combattant au-delà de la terre du corps, du ciel du mental, et s'élève sur le chemin de la Vérité. Lorsque l'âme découvre la vérité, elle atteint l'ambroisie du délice divin. En buvant ce nectar, le *soma*, puisé aux eaux septuples de l'existence, ou extrait de la plante lumineuse de la colline de l'être et avivé par ses extases, l'âme atteint l'immortalité.

La voie vers la vérité et l'immortalité a été tracée par les Pères, *pitarah*, et, comme les dieux, ils nous aident dans notre voyage. Les *Ribhus*, ces êtres humains antiques, auxquels leur pouvoir de connaissance et la perfection de leurs travaux confèrent le statut de divinité, sont invités à participer à notre voyage humain pour façonner pour nous les choses de l'immortalité comme ils l'ont fait pour eux-mêmes.

Notre vie ici-bas est une bataille dans laquelle les armées se battent pour soutenir ou entraver une conquête suprême. Cette bataille a été menée par les Pères humains, *pitaro manushyah*, les divins *Angiras*, et ils ont atteint une grande victoire, que nous aussi pouvons atteindre en suivant la voie qu'ils ont tracée pour nous. Les *Angiras* sont les briseurs de montagnes, les donneurs d'offrandes, les habitants de la chaleur et de la lumière, les tueurs de *Vritra*, les vainqueurs de l'ennemi. Les *Angiras* recherchent la conquête du monde du *swar*, le quatrième monde de la connaissance védique.

La pensée par laquelle le *swar* est conquis est la Pensée à sept têtes née de la vérité. Elle a été découverte par *Ayasya*, le compagnon des

Navagvas. La pensée à sept têtes d'*Ayasya* lui a permis de devenir universel, possesseur de tous les mondes de l'âme, et en devenant universel, il a manifesté un certain quatrième monde, *turiyam svid janayad vishwajanyah*. La conquête du quatrième monde a été le but du grand travail accompli par les *Rishis Angiras*. Nous aussi sommes appelés à conquérir et, comme les *Angiras*, nous aussi, nous pouvons atteindre le puits secret de miel et faire jaillir les fontaines abondantes de douceur en d'innombrables cours d'eau. Ces cours d'eau sont, en effet, ces sept fleuves déversés sur la colline par *Indra* après avoir tué *Vritra* – les fleuves de la vérité, les sept principes de la conscience dans leur accomplissement divin dans la vérité et la félicité.

Ces sept principes expliquent les systèmes complexes du monde, que nous trouvons à la fois à l'intérieur et à l'extérieur, dans la connaissance subjective et dans la perception objective. C'est une gradation ascendante de terres et de cieux. Les voyants les décrivent souvent sous forme d'une série de trios. Il y a trois terres et trois cieux. Il y a un triple monde en-dessous consistant dans le ciel, la terre et une région médiane, *dyau, prthvi* et *antariksha*. Il y a un triple monde au milieu, consistant dans les cieux brillants du soleil. Et il y a un triple monde au-dessus, la demeure suprême et extatique des divinités.

En d'autres mots, il existe sept mondes en principe, cinq en pratique, trois dans leurs groupements généraux :

1. Le suprême
Sat – Chit – Ananda   Les trois mondes divins

2. Le monde du milieu
Supramental   Le Vrai, le Juste, le Vaste, manifestés dans
                               le *Swar*, avec ses trois cieux lumineux

3. Le monde triple inférieur
Mental pur   Le ciel (*Dyaus*, les trois cieux)
Force de vie   La région du milieu (*Antariksha*)
Matière   La terre (les trois terres)

Nous tirons notre être vital du monde de la vie. Nous tirons notre intellect du monde du mental, nous sommes toujours en communication secrète avec eux. Nous pouvons demeurer en eux consciemment. Nous pouvons également nous élever jusqu'aux mondes solaires de la vérité, passer les portails du supraconscient, et dépasser le seuil du suprême. Les portes divines peuvent s'ouvrir en grand pour notre âme ascendante.

L'ascension humaine donne du sens à la vie de l'homme. L'homme peut s'élever au-delà du mental et vivre dans la demeure des dieux, des puissances cosmiques qui dételent leurs chevaux dans le monde du supramental, le monde de la conscience-de-vérité. L'homme, qui s'élève à cette conscience-de-vérité, ne lutte plus dans la pensée, mais devient victorieusement un voyant. Il n'est plus un *manishi*, il est un *Rishi*. Sa volonté, sa vie, ses pensées, ses émotions, ses sens et ses actes sont tous transformés en valeurs de paix et de vérité, et ne sont plus un véhicule, confus ou impuissant, de vérité et de mensonge mélangés. Il va tout droit, rapidement, en conquérant. Il ne se contente plus de fragments brisés, mais est allaité par les mamelles de l'infini. Franchissant les firmaments ordinaires de la terre et du ciel, il doit passer au-delà et gagner la ferme possession des mondes solaires, atteindre ses plus hauts sommets, il doit apprendre à vivre dans le triple principe de l'immortalité.

Le secret de l'ascension, c'est le sacrifice. Le sacrifice védique a un caractère symbolique. On trouve le mot *yajña* dans la Gîtâ, utilisé comme symbole de toute action, qu'elle soit intérieure ou extérieure, néanmoins, le mot védique *yajña* possède un caractère psychologique qui désigne toute action consacrée aux dieux ou au suprême. Le *yajña* est l'action consacrée aux dieux, et le *yajamana*, le sacrifiant, est l'auteur de l'action. Les offrandes du *yajña* sont principalement du *ghee* et du *soma*. *Le ghee*, qui signifie beurre clarifié, indique dans son sens ésotérique, une splendeur riche ou chaude, représentant la clarté de la pensée. *Le soma* est le délice né de la purification de toutes les parties de l'être, largement répandu hors du filtre de la purification.[1]

Les gains du sacrifice sont également symboliques, à savoir vaches, chevaux, or, progéniture, hommes, force physique, victoire dans la bataille. La lumière physique est un symbole psychologique de la connaissance divine. La vache et le cheval symbolisent les deux idées-sœurs de Lumière et d'Énergie – la conscience et la force, *chit shakti*. La progéniture est symboliquement le fruit d'une nouvelle

---

[1]. Voir le premier hymne du neuvième *mandala* du *Rig-Véda*, qui évoque le filtre de la purification. Il dit plus loin : « Qui n'est pas mûr et dont le corps n'a pas subi la torture du feu ne goûte pas ce délice ; seul peut l'endurer et pleinement en jouir qui est passé par la flamme. »

conscience, alors que l'homme et la force physique symbolisent la valeur spirituelle et le courage.

Les dieux auxquels on offre le sacrifice ont des fonctions psychologiques. Pour les voyants védiques, ce sont des réalités vivantes. Ce ne sont pas de simples personnifications poétiques d'idées abstraites ; ce sont des êtres de l'Être suprême.

Le premier dieu à être invité dans notre voyage humain dans le sacrifice est *Agni*, qui symbolise le pouvoir aux sept langues de l'âme, une force de dieu pleine de connaissance. *Agni* ouvre la voie à l'action d'*Indra*, qui symbolise la puissance de l'existence pure, qui se manifeste seule en tant qu'esprit divin. Alors qu'*Agni* s'élève de la terre au ciel, *Indra* est la lumière pleine de force, qui descend du ciel vers la terre. *Indra* descend vers notre monde tel le héros aux chevaux étincelants, tue les ténèbres et la division avec sa foudre, déversée dans les eaux célestes vivifiantes, et retrouve, sur la trace du limier céleste, *Sarama*, symbolisant l'intuition, les illuminations perdues ou cachées. Il fait monter haut ce soleil de la vérité dans le ciel de notre mentalité.

Surya est le soleil, le maître de la vérité suprême, la vérité d'être, de connaissance, de possession, d'action, de mouvement et de fonctionnement. *Surya* est aussi *Savitri*, le créateur ou celui qui manifeste toute chose, et les illuminations que nous recherchons sont les troupeaux de ce soleil qui vient à nous en suivant les traces d'*Usha*, symbole de l'aube divine. Ces illuminations nous conduisent à la plus haute béatitude, qui est symbolisée par le *soma*.

Mais si la vérité de *Surya* doit être fermement établie dans nos âmes mortelles, quatre conditions sont indispensables : tout d'abord, il faut établir *Varuna*, qui symbolise la vaste pureté, l'étendue claire qui détruit tous les péchés et les mensonges tordus. Varuna est toujours accompagné de *Mitra*, qui symbolise la puissance lumineuse de l'amour et de la compréhension, menant et harmonisant nos pensées, actions, et impulsions. Mais ce n'est pas suffisant, il faut également établir en nous une puissance immortelle de l'aspiration claire et clairvoyante, symbolisée par *Aryaman*. La dernière condition est celle de l'heureuse spontanéité du plaisir juste de toute chose, dissipant le mauvais rêve du péché, de l'erreur et de la souffrance. Cette condition est remplie par *Bhaga*.

Il y a beaucoup d'autres dieux tels que *Vayu*, le maître de l'énergie vitale, *Brihaspati*, le pouvoir de l'âme, les *Ashwins*, les seigneurs de la félicité, *Vishnu*, l'Omniprésent, et *Shiva* et *Rudra*, le Puissant, qui brise toutes les formations déficientes et qui est également le guérisseur suprême.

Il y a également des énergies féminines, parmi lesquelles vient d'abord *Aditi*, la mère infinie des dieux. Il y a cinq pouvoirs de la conscience-de-vérité : *mahi* ou *bharati*, le grand mot ; *Ila*, le pouvoir de révélation ; *Saraswati*, le pouvoir de l'inspiration ; *Sarama*, le pouvoir de l'intuition, le limier céleste qui descend dans la caverne du subconscient et qui y trouve les illuminations cachées ; et *dakshina*, le pouvoir de discerner avec justesse, de disposer l'action et l'offrande et de distribuer sa part dans le sacrifice à chaque divinité. Chaque dieu a son énergie féminine.

Au cours de notre ascension, nous devons développer tous les pouvoirs, symbolisés par différentes divinités, de manière à atteindre la perfection. La perfection doit être atteinte à tous les niveaux : dans l'étendue de la terre, dans notre être physique et notre conscience ; dans toute la force de la vitesse vitale, de l'action, de la jouissance et des vibrations nerveuses que représente le cheval ; dans la joie parfaite du cœur et de l'émotion, dans la chaleur brillante et la clarté de l'esprit dans tout notre être intellectuel et psychique, dans la venue de la lumière supramentale, qui transformera toute notre existence. Ainsi vient la possession de la vérité, et par la vérité, un véritable et admirable élan de félicité et dans la félicité la conscience infinie et l'être absolu.

Ainsi, dans la théorie psychologique, les Védas apparaissent comme un immense document de sagesse, déjà doté d'une profonde discipline psychologique. Dans les mots de Sri Aurobindo :

« (Les Védas sont une) Ecriture non pas confuse dans sa pensée ou primitive dans sa substance, ni un amalgame d'éléments hétéroclites ou barbares, mais une, complète et sûre de son dessein et de sa signification, voilée il est vrai sous le couvert, tantôt épais, tantôt transparent, d'un sens concret autre, mais ne perdant jamais de vue, même un instant, le noble but spirituel qu'elle poursuivait. »[1]

---

1. Sri Aurobindo : *Le Secret des Védas*, Sri Aurobindo Ashram, p. 44

III

Sri Aurobindo avança sa théorie psychologique comme une hypothèse, et les preuves présentées dans son grand livre *Le Secret du Véda* établissent très clairement à première vue cette idée que les hymnes védiques sont le message symbolique des anciens mystiques indiens, et que leur sens est spirituel et psychologique. Le bien-fondé de cette hypothèse vient du fait que le sens spirituel et psychologique du Véda émerge sans équivoque de la langue du Véda elle-même. Sri Aurobindo montra qu'il existe des indications claires dans le langage explicite des hymnes qui nous guident dans ce sens. L'interprétation de chaque symbole et image importants, ainsi que les fonctions psychologiques exactes des dieux vinrent aussi étayer ce constat, fondé sur la preuve interne des suktas védiques eux-mêmes. Le sens découvert pour chaque terme fixe des Védas est un sens récurrent et non fluctuant, reposant sur une base philologique saine et s'intégrant naturellement au contexte où il est situé. La raison de cette stabilité se trouve dans le fait que le langage des hymnes est fixe et invariable. La langue védique est comme un langage algébrique, et elle a été scrupuleusement préservée. La diction védique exprime invariablement ou bien une croyance et un rituel formels, ou bien une doctrine traditionnelle et une expérience constante. En fait, si l'hypothèse devait être solidement établie, il serait nécessaire de traduire tous les hymnes des Védas et de montrer que l'interprétation de Sri Aurobindo s'intègre naturellement et facilement dans tous les contextes.

Sri Aurobindo planifiait d'entreprendre cette tâche titanesque, mais il ne put le faire par manque de temps. Dans *Le Secret du Véda*, l'objectif mis en avant par Sri Aurobindo était seulement d'indiquer les idées qu'il avait lui-même reçues : le chemin et ses principaux tournants, les résultats auxquels il était parvenu et les principales indications par lesquelles les Védas eux-mêmes nous aident à y parvenir. Après avoir terminé *Le Secret du Véda*, il entreprit la traduction de tous les *suktas d'Agni* du Rig-Véda ; ces traductions placèrent son hypothèse sur une base très sûre.

Ce qu'il accomplit était plus qu'un travail fondateur, et tout chercheur désirant entreprendre une tâche plus poussée, trouvera une grande aide dans *Le Secret du Véda* et dans les *Hymnes au feu mystique* de Sri Aurobindo.

Il faut noter que Sri Aurobindo écrivit de longs commentaires de l'Ishopanishad et de la Kenopanishad. Il traduisit également nombre d'autres Upanishads importantes. Ces commentaires et ces traductions nous montrent la continuité entre les Védas tels que Sri Aurobindo les a interprétés et les Upanishads. Cette continuité suggère que l'ensemble d'idées et de doctrines que l'on trouve dans les Upanishads, porte encore en lui une forme plus ancienne de la pensée et de l'expérience spirituelle indiennes. Cette suggestion est renforcée par ce que Sri Aurobindo écrit dans son livre *Les Fondements de la Culture indienne*, sur la religion et la spiritualité indiennes, ainsi que sur les Védas, les Upanishads et la littérature indienne ultérieure.

Avec son *Essai sur la Gîtâ*, Sri Aurobindo nous aide à nous approcher du sens originel des Védas, et à cette lumière, du sens plus profond de la Gîtâ elle-même.

Il considère les Védas comme un texte documentant les expériences yoguiques de nos illustres ancêtres. Il estime que ces expériences sont à l'origine des développements ultérieurs du yoga indien, y compris de son propre Yoga Intégral. Lorsque nous étudions les dimensions de celui-ci et sa pertinence pour notre époque contemporaine, nous ne pouvons qu'y admirer la présence et l'influence décisives des nobles et riches expériences des Rishis védiques. Nous nous sentons alors profondément reconnaissants qu'en découvrant le sens intérieur des Védas, Sri Aurobindo a mis le patrimoine de connaissances védiques à la disposition de l'humanité moderne et a montré comment il fallait le faire vivre si nous voulions résoudre les problèmes critiques de notre époque.

Dans la tradition scientifique, le yoga est un livre ouvert en constante évolution, dans lequel les anciens Rishis transmettaient la richesse de leur expérience aux nouveaux Rishis pour qu'ils l'élargissent et l'explorent davantage. C'est pourquoi, bien que les Védas soient considérés comme faisant autorité, ils ne sont pas le mot ultime car les expériences spirituelles sont elles-mêmes porteuses de leur propre autorité de véracité. Les Rishis védiques avaient eux-mêmes déclaré dans le premier mandala : « *Les prêtres du Mot t'escaladent comme une échelle, ô toi aux cent pouvoirs ; montant d'un sommet à un autre, ils voient clairement tout ce qui reste à faire.* »[1]

---

1. *Rig-Véda* I.10. 1,2

Dans la tradition indienne, les expériences des anciens voyants et sages ont donc été, non seulement vérifiées et répétées, mais également intensifiées, agrandies, modifiées, et même surpassées par de nouveaux voyants et de nouveaux sages. On reconnaît que le divin est infini, et que le déroulement de la vérité donne place à de nouvelles découvertes, de nouvelles affirmations et même de nouvelles réalisations. Sri Chaitanya et d'autres, par exemple, développèrent une intensité de *bhakti* [dévotion, amour du divin], qui était absente des Védas, et les exemples de ce genre sont nombreux. Le Yoga Intégral de Sri Aurobindo représente un nouveau développement. Bien que dans son intégralité et sa synthèse, elle absorbe tous les éléments fondamentaux des Védas, des Upanishads et des autres traditions du yoga, qui peuvent contribuer à la réalisation du nouvel objectif envisagé, l'idée centrale du Yoga Intégral de Sri Aurobindo est de mener l'évolution spirituelle vers un niveau supérieur de la mutation de la race humaine, en faisant descendre le supramental pour une transformation intégrale de la nature. D'après la théorie psychologique de Sri Aurobindo à propos des Védas, l'idée du supramental, et donc de la conscience-de-vérité, est présente dans le Rig-Véda. Car les Védas évoquent la découverte du monde du Vrai, du Juste et du Vaste, *satyam, ritam* et *brihat*, monde qui définit la nature du supramental. L'idée du supramental est également présente dans les Upanishads, nous le voyons dans la création de l'être de savoir, *vijñanamaya Purusha*, dépassant l'être mental, vital et physique. Mais au-delà de tout cela, Sri Aurobindo envisage l'action de la puissance supramentale, non seulement comme une influence sur l'être physique, lui donnant des facultés a-normales, mais aussi comme une pénétration et une imprégnation, le changeant entièrement en un physique supramentalisé.

Sri Aurobindo ne tira pas l'idée du supramental des Védas et des Upanishads. La connaissance du supramental qu'il reçut était une connaissance directe, et non pas dérivée. Ce n'est qu'ultérieurement que certaines révélations des Védas et des Upanishads lui en donnèrent confirmation. Néanmoins, il faut accorder une importance capitale au fait d'apprendre que le supramental fut découvert par les Rishis védiques et qu'ils développèrent une profonde discipline psychologique pour l'élévation de la conscience humaine et pour la descente de la conscience divine afin de faciliter la découverte du supramental.

Pour ce qui est du développement de la connaissance, les gains passés assurent une base plus sûre pour le développement futur. Les connaissances védiques du supramental doivent donc être considérées par l'humanité en progrès d'aujourd'hui comme un grand bienfait et comme un héritage que nous devons récupérer pour qu'il soit une aide vivante dans notre marche évolutive. Dans tous les cas, c'est ce que nous apprenons du travail de Sri Aurobindo sur les Védas, de sa discipline psychologique, de sa découverte du supramental et de beaucoup d'autres détails importants du yoga védique.

Laissez-moi conclure en citant les paroles de Sri Aurobindo dans ses manuscrits sur les Védas :

« Ce n'est pas la science, ni la religion, ni la théosophie que je recherche, mais le Véda – la vérité sur le Brahman, et pas seulement sur son essence, mais sur sa manifestation, pas une lampe pour aller me retirer dans la forêt, mais une lumière, mais un guide qui mène à la joie et à l'action dans le monde [...]. Je crois que l'avenir de l'Inde et celui du monde dépendent de sa découverte et de la façon dont on l'applique, non au renoncement à la vie, mais à la vie dans le monde et parmi les hommes [...]. C'est le Véda qui fut l'alpha de notre connaissance spirituelle ; c'est le Véda toujours qui en sera l'oméga. Ces textes d'une antiquité inconnue sont comme les nombreuses mamelles de la Mère éternelle de la connaissance auxquelles se sont nourris tous nos âges successifs... Retrouver la parfaite vérité du Véda n'est donc pas seulement souhaitable pour satisfaire notre curiosité intellectuelle moderne, c'est aussi une nécessité pratique pour l'avenir du genre humain. Car je suis fermement convaincu que, lorsque le secret caché dans le Véda aura été entièrement dévoilé, on s'apercevra qu'il livre la formule parfaite de la connaissance et de la pratique d'une vie divine auxquelles l'humanité en marche – après de longs errements dans la satisfaction de l'intellect et des sens – doit inévitablement revenir. »[1]

---

1. Sri Aurobindo : *L'Inde et la Renaissance de la Terre*, pp. 90, 94-95.

Les éléments poétiques des Védas

La première chose qu'on remarque dans les samhita védiques, c'est qu'elles contiennent des poèmes de centaines de poètes, et même s'ils se distinguent tous entre eux par leur style et par leur puissance, ils ont en commun ce qu'on pourrait appeler des « notations algébriques » : un recueil d'images, de figures, de symboles – des visions s'élevant audacieusement de plus en plus haut, la capacité d'insuffler à leur poésie couleurs et nuances, puissance et force, mouvement rythmique et substance solide, afin d'atteindre à ce qu'on peut appeler à juste titre le pouvoir *mantrique*.

La poésie védique est mystique et symbolique, on le voit immédiatement avec un certain nombre d'exemples, même pris au hasard. Lorsqu'on réalise que les poètes védiques avaient composé leurs poèmes avec des mots faits pour être chantés et entendus, alors on apprécie la maîtrise de leur métrique et le sens musical dont ils étaient capables. Aujourd'hui encore, lorsqu'on écoute les chants védiques, on se sent, par le simple fait de les entendre, envahis par la sublimité et la pureté de la présence divine qui se répand dans nos sens extérieurs, au plus intime de notre mental, de notre cœur, et dans les profondeurs de notre âme. Et si l'on observe comment ce miracle a été créé, on constate que les poètes védiques avaient atteint de grandes profondeurs poétiques concernant le verbe, sa valeur sonore, sa valeur de pensée, sa valeur spirituelle, mais également concernant le mouvement rythmique, la valeur des vers, la valeur créative et la valeur d'inspiration.

La poésie védique s'appuyait sur la découverte du secret de la création cosmique, dans laquelle les pulsations des manifestations observent des rythmes larges mais mesurés. La poésie védique perçoit ces rythmes et les traduit en métrique poétique, appelée *chhandas*. Les *chhandas* ne sont pas, d'après la poésie védique, une création de l'homme provenant de l'usage pratique qu'il fait des mots, des accents et des modulations. Les mots mêmes ne sont pas d'origine humaine d'après les poètes védiques ; ils viennent de sons, de sons puissants, accompagnant l'idée et la lumière originelles qui vibrent avec la substance de la réalité dans son activité créatrice. Les différentes formes des grands vers de la poésie védique, *Gayatri, Usnik, Anustup, Brihati, Pankti, Tristup* et *Jagati*, qui ont tous un nombre spécifique de syllabes, représentent les vastes rythmes du *Rita*, contenant le pouvoir occulte des formes d'harmonie, universelles et particulières, qui abondent dans le monde des noms et des formes. C'est cette compréhension des rythmes et des mesures qui semble avoir guidé le scrupule méticuleux avec lequel la tradition védique insistait sur l'observance des différents types d'accents dans la prononciation et dans la scansion des hymnes des Védas.

Les mots, les sons, la musique et les expressions versifiées rythmiques, ce sont les caractéristiques distinctives de la poésie. Mais bien souvent, ces caractéristiques sont vues comme de simples aspects techniques, et on pense que si l'on respecte la technique alors on atteindra l'art juste de la poésie. On pense même que ce n'est rien de plus qu'un art d'expression à distinguer de l'art qu'exige l'écriture de la prose, même de la bonne prose. Malheureusement, on ne réalise pas que la poésie n'est pas qu'une histoire de technique, que même la prose peut être poétique si l'un des éléments essentiels à la poésie, en dehors de la technique, y est présent comme vibration. L'élément le plus important de la poésie, et c'est ce que l'on trouve de façon proéminente dans les Védas et les Upanishads, même dans leurs éléments en prose, est fondamentalement une quête. Tout comme la philosophie, la religion, la science ou le yoga sont des quêtes, la poésie en est une, mais elle a sa propre technique, sa méthode et sa manière spécifiques. Toutes ces recherches se servent de méthodes différentes pour découvrir la vérité. La philosophie est la découverte de la vérité dans sa conception et sa perception intellectuelles, et elle y arrive par une méthode de formation d'idées, de raisonnements, et d'arrangements logiques des processus de pensée. La religion est la quête pieuse de Dieu par la méthode du culte, de l'adoration, de l'acceptation et de la pratique de prescriptions éthiques et religieuses. La science est une perception du processus des choses, de leur mécanisme et on arrive à l'idée de leur synthèse en se servant de l'observation et de l'expérimentation pour faciliter la répétition, la vérification et la généralisation. La poésie elle aussi est une quête de la vérité, ou une expression de la vérité, qui a son origine dans une expérience la plus intérieure possible d'un objet – n'importe lequel, une feuille, un caillou, un événement, la nature, Dieu ou l'Esprit. Mais c'est à la condition que l'expérience soit tournée vers l'intérieur de manière à créer une vision dans les profondeurs de l'être intérieur du poète, qui sera projetée dans un mouvement rythmique par la découverte d'un mot, d'une image, d'une représentation ou d'un symbole – lequel aura, à son tour, la capacité de révéler à l'auditeur la vérité de cette expérience même, pourvu qu'il ne s'agisse pas d'une simple imitation superficielle de la chose, mais d'une révélation, interprétative et créatrice, de sa vérité la plus profonde.

Mais les caractéristiques les plus importantes et les plus spécifiques de la poésie sont la vision de la vérité et la recherche de cette vision. C'est pourquoi la poésie védique donne le statut le plus haut et le nom de *kavi* à celui qui atteint à la vision révélatrice, *drishti*, accompagnée de l'audition correspondante ou *shruti*. Le poète, *kavi*, est comparé à *Agni* (le feu), car *Agni* fut conçu en tant que *kavikratuh, satyah-chitra-shravastama*, le voyant dont la vue et la volonté sont identiques et dont l'ouïe est fortement inspirée par les aspects multiples de la vérité. La plus haute perception de la vérité s'élève de la vérité physique à la vérité vitale, émotionnelle, intellectuelle, intuitive, inspirée et globale. Le poète est le Rishi qui voit l'invisible et entend l'inaudible. Il est le *drashta* quand il voit la vérité supérieure qui se tient au-delà de toute étroitesse dans la grandeur, dans le *brihat* et dans le plus élevé des cieux de l'existence, *parame vyomani*.[1]

Le poète védique possède une vision derrière la vision, et une ouïe derrière l'ouïe (*chakshushah chakshuh, shrotrasya shrotram*) ; et le verbe poétique, avec sa sonorité et sa musique, le poète le découvre quelque part dans les hautes régions de la vérité, derrière les limites de l'individualité du poète. C'est pourquoi on le qualifie d'*apaurusheya* [non humain], même si cette parole a pu être colorée par le cœur et l'esprit à travers lesquels voyage le verbe originel avant d'atteindre la surface. Comme le disent les Védas, la parole rythmique, le mantra, s'élève en même temps du cœur du voyant et de la demeure lointaine de la vérité.

La parole née de la vérité est composée de trois intensités différentes :

1. रच्हि किस्हारए पाराम्ए व्ह्येम्न् यम्र्न् दएव दहि वि व्ए न् एदुह
यह् तान्न व्ह्येदा कम्ह्रि च्ह्व कार्स्हियेतय् ति ताद वदिर्ह्स्न्ता म्ह्यिए सम्न् सतएह् । - . – *Rig-Véda* I.164.39

l'intensité du style, celle du rythme et celle de la vision. Lorsque ces trois intensités atteignent leur apogée et se fondent, le résultat est ce que les Védas appellent un *mantra* : l'expression ou le mot inévitable, tout vibrant de la vision de la vérité, et qui, lorsqu'il est communiqué ou entendu, peut faire naître chez celui qui écoute la vibration de cette vision, et peut la faire vivre en un mouvement ascendant toujours renouvelé.

C'est pour cette raison que lorsque nous entendons de la poésie védique, de la poésie mantrique, nous pouvons voir les étincelles jaillissant des sabots du cheval-flamme blanc, *Dadhikravan*, galopant vers les sommets de la montagne des dieux, ou bien encore le souffle et les couleurs des ailes frappant d'autres ailes, enfants irisés de la pensée volant au-dessus de la terre ou vers le ciel.

Le poète védique est un grimpeur, il est donc l'*Arya* (le mot *Arya* provient de la racine *ri*, grimper). Il est celui qui se trouve au cœur du labeur et du combat de la vie. Sa poésie est par conséquent la poésie de la vie. Mais peut-il y avoir de la poésie sans vie ? La simple pensée peut suffire à la philosophie, la simple dévotion peut suffire à la religion, la simple observation peut suffire à la science, mais la poésie est un cri, un appel, une aspiration qui s'élève dans le feu du mouvement de la vie.

Une autre caractéristique de la poésie – caractéristique spécialement soulignée dans la poésie védique – est l'expression créatrice de délice et de beauté. Les Védas et les Upanishads découvrirent le délice inaliénable de l'existence, célébré comme l'élixir d'immortalité, le vin du *soma*, la boisson dont *Indra*, dieu de l'esprit divin, a besoin pour se nourrir de force et pour émettre ses rayons de lumière et ses éclairs d'illumination. Les *Ashwins*, les physiciens des dieux, sont les gardiens privilégiés du *Soma*, et ils transportent des sacs de miel dans leur char afin de soigner les blessés, de guérir les malades, et de rendre leur jeunesse aux vieux. Les Upanishads évoquent en détail l'*ananda*, sans quoi aucune création n'est possible et rien ne peut être conservé. La *Taittiriya Upanishad* évoque la connaissance du soi, qui ouvre la porte au soi, qui est la félicité, et précise que celui qui connaît la félicité et l'éternel, ne craint rien ni en ce monde ni ailleurs. Le poète qui célèbre la félicité du soi est donc un vainqueur sans peur.[1]

---

1. यद ह्येष एतास्मिन्निदरिश्ये न्तम्ये निरुक्तए नलियन्
ब्हायं परततिहाः वन्दातए तहा रे ब्हायं गते ब्हावति. – Taittiriya Upanishad, II.7.

La beauté n'est qu'une forme de félicité, et partout où il y a profondeur d'expérience et d'esthétisme allant au-delà des réactions passionnelles et des passions du mental, le poète est capable de changer la douleur, la peine, et les choses les plus tragiques, les plus terribles et les plus horribles, en beauté poétique. La beauté est l'harmonie des formes, et même s'il y a, et s'il peut y avoir, différentes visions de l'harmonie ou de ce qui la constitue, la beauté réside toujours dans une forme émanant de la félicité. Le poète toujours est plus qu'un créateur de belles paroles, plus que l'enfant favori de la fantaisie et de l'imagination, plus qu'un artisan soigneux de l'idée et de l'énoncé, et plus qu'un penseur, dramaturge ou conteur d'histoires efficace. Car il est principalement le passeur de l'esprit éternel de la beauté et du délice et il partage avec d'autres ce ravissement le plus haut, créateur et expressif, proche de l'extase originelle – ou *ananda* divin – qui est elle-même la source de la création.

Raso vai sah : « Lui, le divin, est en vérité *rasa* », *rasa* voulant dire goût intense, essence spirituelle d'émotions et d'esthétisme essentiel, plaisir tiré des sources pures et parfaites des sentiments. Suivant la tradition védique et upanishadique, les anciens critiques indiens définissaient l'essence de la poésie sous le nom de *rasa*, et jugeaient d'après ce critère. Cette ancienne poésie des Védas et des Upanishads peut être vue comme l'expression de l'inaliénable *rasa* ou joie qui déborde du soi spirituel avec sa conscience et connaissance divines et sa fontaine heureuse de puissance. En effet, plus le poète s'approche de l'*ananda* absolu, plus grande est sa joie en l'homme et en l'univers, et plus grande est sa réceptivité aux émotions spirituelles créatrices.

La poésie védique vise à devenir un véhicule de la voix des choses éternelles, élevant à une nouvelle signification et à une joie suprêmement comblée par l'expérience, les événements, les émotions et les transitions de la vie, qui peuvent alors être vues et chantées comme une succession de signes, le changement des étapes dans une manifestation éternelle. Son but est d'exprimer le soi de chaque homme, le soi des choses et le soi de la nature. Et pour finir, elle tend à une révélation créatrice et interprétative de la vérité infinie de l'existence, du délice et de la beauté universels ainsi que d'une vision et d'un pouvoir plus spiritualisés de la vie. Toute la poésie védique, que ce soit dans les Samhitas ou dans les Upanishads, satisfait amplement ces objectifs. Mais étant donné que les poètes védiques avaient une mentalité différente de la nôtre, et que les images communiquées étaient d'un genre particulier, nous devons accepter que la forme de la vision védique soit antique et qu'elle donne une apparence étrange au contenu communiqué.

Afin de pénétrer au cœur de la poésie védique, nous devons premièrement souligner que pour les poètes, les mondes physique et psychique étaient doubles, différents et pourtant liés. Pour eux, les représentations des divinités cosmiques s'appliquaient à la vie interne et externe de l'homme. Ils visualisaient les relations de l'homme avec le divin – avec le divin, c'est-à-dire avec les dieux derrière lesquels se trouve l'esprit ou l'être Un dont les dieux sont les différents noms, personnalités et pouvoirs. Deuxièmement, les Rishis védiques voyaient la vie humaine comme un mélange de vérité et de mensonge. Ils voyaient la vie comme un champ de bataille, d'où, à partir d'un mélange de lumière et d'obscurité, nous nous élevons vers la splendeur de la vérité divine, dont la demeure est en haut, dans l'infini, mais qui peut être établie ici-bas dans l'âme et la vie de l'homme. Il existait pour eux une montée progressive de la mortalité vers l'immortalité à travers un combat entre les enfants de la Lumière et les fils de la Nuit. Troisièmement, les Rishis védiques évoquaient ces choses avec un système d'images fixes provenant de la nature et de l'environnement des peuples aryens, martiaux, pastoraux et agricoles, lequel système était centré sur le culte du feu, sur l'adoration des puissances de la nature vivante et sur l'institution du sacrifice. Mais ils considéraient ces images comme des symboles suggérant de façon vivante et puissante leurs équivalents dans les choses intérieures. Quatrièmement, il est également notable qu'en dépit du grand nombre de poètes dont les poèmes se trouvent dans les Samhitas védiques, ils partageaient tous un fond d'images fixe et pourtant variable, ainsi qu'un ensemble lumineux de mythes et de paraboles. Et, cinquièmement, les Rishis védiques prirent soin de rendre le sens intérieur compréhensible à ceux qui étaient parvenus à un certain niveau d'expérience psychique et de réalités spirituelles.

On peut également noter que ce système particulier d'images, la complexité des pensées et des expériences traduites en symboles, qui avait commencé avec le Véda, réapparut régulièrement dans les écrits indiens ultérieurs, dans les Tantras et les Puranas, ainsi que dans les images des poètes vishnouïtes. On remarque aussi que certains éléments de cette tradition sont visibles même dans la poésie moderne de Tagore. La poésie vishnouïte du Bengale utilise des images et des représentations qui, pour l'esprit pieux, traduisent l'amour de l'âme humaine pour Dieu, même si, pour le profane, elles peuvent sembler n'être qu'une poésie amoureuse, sensuelle et passionnée ; de la même façon, les représentations et les symboles védiques avaient une signification spirituelle plus profonde, alors qu'ils semblaient purement physiques et rituels pour ceux qui n'avaient pas encore pénétré dans le sanctuaire intérieur, là où se déroule la bataille entre les représentations sombres et lumineuses pour arriver à la demeure de la vérité et de l'immortalité. La méthode védique diffère cependant de la méthode de la poésie vishnouïte, dans la mesure où l'imagerie et le symbolisme védiques ne sont qu'un voile translucide qui est plus facile à lever et à traverser pour entrer dans une claire révélation.

Tant en ce qui concerne la substance que la qualité poétique des Védas, il se révèle utile d'étudier le passage suivant de Sri Aurobindo, qui est le dernier interprète des Samhitas védiques et qui découvrit la connaissance secrète qui y était contenue ainsi que le secret du symbolisme védique :

« Outre son intérêt en tant que toute première des Écritures sacrées qui aient survécu, et son interprétation de l'homme, du Divin et de l'univers […], le Véda ainsi compris prend place comme une remarquable, une sublime, une puissante création poétique. Ni sa forme ni son langage n'en font une production barbare. Les poètes védiques sont maîtres d'une technique consommée, leurs rythmes sont sculptés comme les chariots des dieux et portés sur les vastes, les divines ailes du son ; à la fois concentrés et déployés en vagues immenses, leurs mouvements sont majestueux, et leurs modulations subtiles ; le verbe a l'intensité du lyrisme et la grandeur de l'épopée – paroles de puissance, pures et audacieuses, au dessin grandiose, langage bref et direct, débordant de sens et de suggestions, si bien que chaque verset se suffit à lui-même et prend en même temps sa place dans le flux continu de l'hymne. Une tradition hiératique et sacrée, suivie avec fidélité, donnait forme et substance à cette poésie, mais cette substance était le fruit des plus profondes expériences psychiques et spirituelles dont l'âme humaine soit capable, et rarement, jamais peut-être les formes ne dégénéraient, pour devenir de simples conventions. Car ce qu'elles exprimaient, chaque poète le revivait en lui-même : pour son mental, c'était une expérience nouvelle, et il l'exprimait alors par les subtiles ou superbes nuances de sa vision personnelle. Les paroles des plus grands voyants, Vishwâmitra, Vâmadéva, Dîrghatamas, et de bien d'autres, atteignent à une élévation et une ampleur extraordinaires. Cette sublime poésie mystique – on songe à l'Hymne à la Création – se meut dans une puissante clarté sur les sommets de la pensée, région où les Upanishads, animées d'un souffle plus soutenu, se tenaient constamment. L'Inde ancienne ne se trompait pas lorsqu'elle faisait remonter toute sa philosophie, sa religion et les éléments essentiels de sa culture à ces poètes-voyants : la spiritualité future de son peuple y est tout entière contenue, elle y trouve sa semence, son expression primordiale. »[1]

Il est également significatif que Sri Aurobindo ait indiqué dans son grand livre sur la théorie de la poésie, *La Poésie future*, comment les tendances modernes de la poésie suggèrent la possibilité, pour les langues orientales, d'une compréhension plus vraie de l'idée et de la pratique védique du *mantra*, et même de la découverte d'une nouvelle création poétique qui incarnerait une nouvelle poésie *mantrique*. Il suggéra aussi, au vu de l'évolution passée de la poésie anglaise et des tendances observables chez de grands poètes tels que Whitman, Meredith, Carpenter, A.E., Yeats et Tagore, que cette langue pouvait également se tourner vers la découverte de la poésie *mantrique*, et même vers l'expression de cette poésie à travers l'anglais. Sri Aurobindo lui-même écrivit son grand poème épique, *Savitri*, le poème le plus long de la littérature anglaise, afin d'incarner et de donner une pleine expression à la poésie *mantrique*, exemplifiée pleinement dans la poésie védique. Il est donc tout naturel que nous-mêmes, étudiants de la littérature védique, nous nous tournions vigoureusement vers l'étude de la poésie védique et préparions le terrain pour la création, une fois de plus, d'une poésie *mantrique* en sanskrit et dans d'autres langues indiennes.

---

1. Sri Aurobindo : *Les Fondements de la culture indienne*, Sri Aurobindo Ashram édition, 1972, pp. 341-342

Les divinités dans les Védas et les Puranas

Bien que les formes et l'esprit global aient changé au cours des millénaires, l'histoire de la religion et de la spiritualité indiennes témoigne d'une continuité interne. Le commencement védique était si vaste, si élevé – une graine si complète –, qu'on peut considérer les développements ultérieurs comme des formes en expansion rendues nécessaires par les circonstances changeantes, avec des insistances à des degrés divers sur l'intellectualité, les émotions et la sensualité, mais nécessitées aussi par un esprit expérimental audacieux qui désirait amener de plus en plus grandes portions et catégories de la population vers l'expérience de secrets originellement réservés aux initiés seulement.

La religion védique extérieure cachait une synthèse ésotérique du yoga qui avait révélé la présence et les actions d'un certain nombre de divinités qui étaient les expressions cosmiques du suprême Un, *ekam sad viprā bahudhā vadanti*. L'objectif du yoga védique était d'unir l'homme au suprême à l'aide des divinités, en purifiant et en perfectionnant les facultés humaines afin de les élever au niveau des qualités et des pouvoirs représentés par les divinités. Le but particulier de ce yoga était de perfectionner l'être humain, d'atteindre l'immortalité en élargissant les domaines de la conscience humaine aux domaines cosmiques correspondants, et en atteignant l'être transcendantal grâce à des expériences suprêmes d'amour, de joie, de puissance, de paix et de connaissance, en faisant l'expérience de la Présence et de l'Être ineffable. Ce yoga ésotérique ne voyait pas les divinités comme de simples puissances de la nature physique, bien que leurs descriptions, faites pour les rituels religieux extérieurs, semblent donner cette impression. Pour les initiés védiques, les divinités étaient des puissances psychologiques et spirituelles et de réels êtres vivants, avec lesquels il était possible d'entrer en contact au moyen de paroles secrètes d'invocation, mais aussi au moyen de sacrifices par des processus de purification psychologique, de concentration et d'offrande progressive de soi.

C'est ce yoga ésotérique qui fut redécouvert par les Upanishads, et bien que celles-ci aient entrepris et accompli une autre synthèse du yoga, celle des différentes disciplines de la connaissance, elles étaient toujours étroitement connectées avec les dieux et déesses védiques, et en avaient une solide connaissance. Les Upanishads comprenaient *Agni, Vayu, Indra, Surya* et d'autres divinités aussi intimement que le faisaient les Rishis védiques. Bien que les Upanishads n'aient pas utilisé une profusion de symboles, elles ont perpétué le système de symbolisme. Et aujourd'hui, lorsque nous essayons de comprendre les secrets des Védas et des Upanishads, nous constatons que les Védas peuvent être compris à travers les Upanishads, et inversement.

Cependant, les changements survenus durant la période post-védique, surtout durant la période des Puranas, furent si importants et si radicaux, que certains affirment qu'il y a une sorte de discontinuité dans l'héritage provenant des Védas. Mais une étude approfondie pourrait démontrer qu'il n'y a pas de discontinuité ou d'écart radical par rapport aux objectifs et aux concepts védiques originaux.

Il y eut sans aucun doute une disparition progressive des formes védiques les plus importantes qui furent remplacées par d'autres. Les symboles se modifièrent dans les rituels et dans les cérémonies, et de nouvelles sortes d'idées se développèrent à partir de la graine de la pensée originelle. Dans les Puranas, on note un élargissement et un approfondissement des expériences psychiques et spirituelles, bien qu'elles soient moins élevées que ne l'était l'expérience védique. Les divinités védiques perdirent rapidement leur importance profonde d'origine ; la grande trinité, *Brahma-Vishnu-Shiva*, vint même leur faire de l'ombre, et finalement, elles disparurent complètement. Un nouveau panthéon vit alors le jour ; son aspect symbolique extérieur témoignait d'une vérité plus profonde, d'une expérience religieuse plus large, d'un sentiment plus intense et d'une idée plus vaste. Le sacrifice védique subsista dans une certaine mesure, mais uniquement sous la forme de fragments de moins en moins nombreux. L'autel avec le feu fut remplacé par le temple, et le rituel karmique du sacrifice fut transformé en rituel dévotionnel du temple. Dans les mantras des Védas, les divinités illustraient des images mentales changeantes ; dans les Puranas, elles cédèrent leur place aux formes conceptuelles plus précises des deux grandes divinités, *Vishnu* et *Shiva*, de toutes leurs *shaktis* et de leurs émanations.

Certains affirmèrent que la trinité qui devint si dominante dans les Puranas avait une importance moindre dans les Védas. Et même s'il est vrai que les hymnes adressés à *Brahma*, *Vishnu* et *Shiva* y sont moins nombreux que ceux adressés à des divinités telles qu'*Agni* ou *Indra*, il est important de souligner qu'ils n'en étaient pas moins importants ou significatifs. Les fonctions qui leur étaient assignées dans les Védas étaient plus étendues, plus cosmiques, voire plus primordiales, et dans les Puranas, elles furent mises en avant de manière prépondérante.

Dans les Védas, les *Maruts* étaient décrits comme les enfants de *Rudra*, et ils n'étaient pas des divinités supérieures à leur père sauvage et puissant. Cependant, le nombre d'hymnes adressés aux *Maruts* est beaucoup plus important, et ceux-ci sont dépeints comme plus constamment éminents par rapport aux autres dieux. Mais cela tient au fait que les fonctions qu'ils remplissaient avaient une importance constante et immédiate dans la discipline védique. D'autre part, *Vishnu*, *Rudra* et *Brahmanaspati*, les originaux védiques de la triade puranique ultérieure, *Vishnu-Shiva-Brahma*, assurèrent les conditions de l'œuvre védique et se placèrent derrière les dieux plus présents et actifs, mais en étaient moins proches, et en apparence moins concernés par les actions quotidiennes.

La compréhension puranique de *Brahma*, *Vishnu* et *Shiva* a un lien avec la compréhension védique de *Brahmanaspati*, *Rudra* et *Vishnu*, et en découle. Les Védas décrivent *Brahmanaspati* comme le créateur par la verbe. Il extrait la lumière et le cosmos physique hors des ténèbres de l'océan de l'inconscient, il propulse les formes des êtres conscients vers leur but suprême. C'est à partir de cet aspect créatif de *Brahmanaspati* que la conception ultérieure de *Brahma*, le créateur, se développa.

Brahmanaspati et *Rudra* sont étroitement liés l'un à l'autre dans les Védas. Le mouvement ascendant de *Brahmanaspati* nécessite une force spéciale d'élévation, force que fournit *Rudra*. Dans les Védas, *Rudra* est appelé le Puissant des cieux. Il est décrit comme Celui qui guide l'évolution ascendante de l'être conscient. Sa force combat tous les maux, frappe le pécheur et l'ennemi ; intolérant aux défauts et aux trébuchements, il est le plus féroce des dieux. *Agni* est l'enfant sur terre de la force de *Rudra*, et *Vishwamitra* le décrit dans un hymne[1] comme Celui qui devient l'enfant, *Kumara*, prototype du *Skanda* puranique. Les *Maruts* sont les forces vitales émettant de la lumière par la violence, ils sont les enfants de *Rudra*. Mais ce violent et puissant *Rudra*, briseur de toute forme défectueuse et des groupements de vie nouvelle, possède également un aspect plus bénéfique. Il est le guérisseur suprême, bien qu'il détruise lorsqu'on s'oppose à lui ; mais lorsqu'on l'appelle à l'aide, il guérit toutes les blessures, tous les maux et toutes les souffrances. Dans son combat, la force qu'il exerce est son cadeau et, en définitive, elle procure la paix et la joie finales. Dans ces aspects de la divinité védique, il y a tout le matériau primitif nécessaire à l'évolution du *Shiva-Rudra* puranique, le destructeur et le guérisseur, le favorable et le terrible.

En ce qui concerne *Vishnu*, on constate que, dans les Védas, il fournit les éléments statiques nécessaires dans la formation des paroles de *Brahmanaspati* et pour les actions de la force de *Rudra*. Ces éléments statiques sont représentés par l'espace, par le mouvement ordonné des mondes, par les niveaux ascendants et les buts les plus élevés. Dans un hymne[2], prière destinée à *Vishnu* on s'écrie : « *Que ton mouvement, ô Vishnu, arpente toute l'étendue.* » *Vishnu* est décrit comme ayant fait trois enjambées et ayant établi tous les mondes dans l'intervalle ainsi créé. Son enjambée suprême, son siège le plus haut, est le monde triple de béatitude et de lumière, *paramam padam*, que les sages voient déployé dans les cieux tel un œil brillant de vision[3]. C'est cette demeure élevée de *Vishnu* qui est l'objectif du parcours védique. Cette divinité védique est le précurseur naturel et l'origine suffisante du *Narayana* puranique, qui est le préservateur et le seigneur de l'amour.

Dans les Védas, nous ne trouvons qu'un seul déva universel, dont Vishnu, Rudra, Brahmanaspati, Agni, Indra, Vayu, Mitra et Varuna sont tous également des formes et des aspects cosmiques. Chacun d'eux est lui-même le déva sacré et contient toutes les autres divinités. Dans les Riks, le déva suprême reste vague et indéfini, on en parle même parfois au neutre : Cela, ou : la seule chose existante. Dans les

---

1. *Rig Véda* III.1.9-10.
2. Ibid., IV,18.11.
3. *Rig Véda* I.22.20.

Upanishads on constate l'émergence complète de l'idée de ce déva suprême et unique, mais aussi une augmentation progressive de l'importance rituelle des autres dieux. Sous la pression de la mythologie grandissante, les aspects humains et personnels de ces divinités se précisèrent de plus en plus. Finalement, cela conduisit à leur dégradation et à l'intronisation de formes et de noms moins utilisés et plus généraux – Brahma, Vishnu et Rudra – dans la formulation finale puranique du panthéon hindou.

Durant la période *purano-tantrique*, les nouveaux concepts des dieux et des déesses se stabilisèrent en images physiques, qui devinrent le fondement de l'adoration interne et externe qui remplaçait le sacrifice. Dans les hymnes védiques, l'effort mystique psychique et spirituel est encore nettement perceptible dans la pratique ésotérique. Cependant, cela disparut dans la vie intérieure psycho-spirituelle moins intensément lumineuse, mais plus large, plus riche et plus complexe, de la religion puranique et tantrique et du yoga. Il faut néanmoins souligner que le soi-disant hénothéisme des idées védiques se perpétua et s'intensifia dans l'adoration plus large et plus simple de *Vishnu* ou de *Shiva*, comme divinité unique, universelle et la plus haute, dont toutes les autres étaient les formes et les pouvoirs vivants. L'idée védique des divinités fut popularisée dans les Puranas à un degré exceptionnel. Cela aboutit à l'idée d'incarnations ponctuelles du divin dans l'humanité, ce qui fonda le culte des *avatars*. Finalement, l'idée de la présence divine dans le cœur de toute créature, présence pouvant être découverte grâce au processus du yoga, se développa.

Le yoga védique donna naissance à différents systèmes de yoga, et tous conduisaient, ou désiraient conduire, à une conscience plus élevée et à une union plus ou moins complète avec le divin Un, ou une fusion de l'âme individuelle avec l'absolu. Cet objectif était atteint grâce à plusieurs méthodes psycho-physiques, vitales intérieures, mentales intérieures, et psycho-spirituelles.

L'idée védique de la bataille entre les dieux et leurs adversaires, *Vritra*, les *Panis* et les *Dasyus*, fut conservée dans le système *purano-tantrique*, même si les noms étaient différents, et que les histoires et légendes de leurs batailles ainsi que leurs victoires étaient différentes et décrites très en détail. Le message védique définissant la vie humaine comme un champ de bataille sur lequel chacun était appelé à faire des sacrifices pour atteindre la victoire et l'immortalité fut également conservé dans les Puranas et les Tantras ; cela donna aux gens une base d'expériences psycho-religieuses généralisées pour qu'ils puissent s'élever au statut le plus haut.

La période *purano-tantrique* était la seconde phase de développement de la religion et de la spiritualité indiennes. La première était la période védique, qui permit la préparation à la spiritualité de l'homme naturel et extérieur. La seconde période fit passer la vie extérieure de l'être humain à une vie mentale et psychique plus profonde et le mit plus directement en contact avec l'esprit et la divinité qui étaient en lui. Cette phase fut suivie par une troisième, qui essaya de rendre l'être humain capable de maîtriser complètement la vie mentale, psychique et physique pour en faire au moins le commencement d'une vie spirituelle généralisée. Alors que beaucoup de choses auraient pu être accomplies durant cette période, la progression s'arrêta pour différentes raisons. Mais elle avait fait beaucoup pour préparer une plus grande possibilité dans l'avenir.

L'Inde s'étant à nouveau éveillée, ce sont les tâches non accomplies de la troisième période qui doivent être reprises et réalisées. Durant cette phase d'éveil, la récupération de l'ancienne connaissance spirituelle est indispensable, et une étude des systèmes védique et puranique est un aspect important. Un programme intensif de recherches devra être centré sur la manière dont on peut assimiler la richesse spirituelle de l'époque védique et de l'époque puranique, ainsi que de la troisième période qui a suivi, afin de répondre aux objectifs plus élevés, non seulement de la religion et de la spiritualité indiennes, mais de toute religion et spiritualité en tant que telles, dont le but le plus haut est la spiritualisation de la vie sur terre.

Les Védas, les Puranas et au-delà

Continuité et changement

I

Dans l'histoire de l'Inde, les Védas sont l'Himalaya de la spiritualité, ils sont aussi la source éternelle d'une culture à multiples facettes. Les samhita védiques témoignent de la lutte épique et de la victoire des Rishis védiques. Et, même de nos jours, ces Rishis sont perçus comme des esprits assistant leur descendance alors que les nouvelles aubes succèdent aux anciennes et s'inclinent dans la lumière pour rejoindre celles du futur. En étudiant l'histoire intérieure de l'Inde, nous voyons ces grands Rishis façonnant et modelant les nouveaux Rishis, génération après génération, les aidant à ériger des ponts entre le passé et le futur. La continuité et le changement se mêlent dans la grande aventure de l'Inde, qui reste par conséquent en même temps antique et actuelle.

Le secret de la puissance toujours jeune des Védas trouve sa source dans la fraîcheur avec laquelle les Rishis essayèrent de traiter l'énigme de la vie, et dans l'authenticité de la connaissance qu'ils découvrirent et qu'ils appliquèrent à résoudre les déroutants paradoxes et les contradictions du monde. Ces Rishis sondèrent les eaux profondes des trois grands océans de conscience : l'océan de l'inconscient obscur, dans lequel les ténèbres sont enveloppées de ténèbres encore plus sombres, l'océan de la conscience humaine, et l'océan de la supraconscience, qui est le but des « rivières de clarté et de la vague de miel ». L'étude des interrelations de ces trois océans permit aux Rishis de découvrir les moyens par lesquels il était possible de dépasser une vie emplie de faussetés et d'atteindre à la vérité et à l'immortalité. Dans un chant symbolique et poétique, Vamadeva dit qu'une vague miellée s'élève de l'océan, et que grâce à cette vague ascendante, qui est le *Soma* (*amshu*), l'immortalité est atteignable complètement. Il dit plus loin que cette vague ou cet élixir est un nom secret de la clarté (ghrita ou *ghee*), et encore plus loin, que c'est la langue des dieux et la clé de l'immortalité.[1]

Une autre grande découverte des Rishis védiques fut le secret des relations entre l'homme et le cosmos. Ils découvrirent trois terres d'existence physique (*prithvi*), trois cieux du mental pur (*dyau*) et une région intermédiaire de force vitale (*antariksha*). Ils découvrirent aussi, à un niveau encore plus élevé, les trois cieux lumineux du *Swar*, décrits comme le Vrai, le Juste et le Vaste (*satyam, ritam, brihat*), et le triple monde divin suprême. Ils découvrirent également que la voie de l'immortalité est la voie de la vérité et que cette voie est tracée par l'expansion de l'homme dans la conscience cosmique et par son échange avec les puissances cosmiques, qui lui permettent d'atteindre la conscience créatrice suprême, la mère *Aditi*, qui ne fait qu'un avec la substance originelle, la triple réalité suprême. Comme le Rishi Parashara le dit :

« Nos pères par leur Mot brisèrent les places fortes et réfractaires ; par leurs cris les voyants Angiras mirent en pièces le roc de la montagne ; ils firent en nous un chemin vers le Grand Ciel, ils découvrirent le jour et le monde solaire et le rayon intuitif et les troupeaux de lumière. »

Il ajoute que cette voie est la voie menant à l'immortalité.

« Ceux qui sont entrés dans toutes les choses qui portent des fruits justes, ont ouvert un chemin vers l'immortalité ; la terre s'est écartée pour eux par la grandeur et par les grands, la mère Aditi, avec ses fils, est venue pour la préservation. »[2]

Le secret de l'échange entre l'homme et les puissances cosmiques, nommées *dévas* dans les Védas, est le sacrifice des limitations à l'intérieur de soi, afin que dans la conscience humaine la place nécessaire soit donnée de plus en plus à la formation et à l'établissement de la conscience cosmique et de tout ce qui la transcende.

Les Rishis védiques découvrirent que la conquête de l'immortalité impliquait également une longue et pénible bataille contre des puissances redoutables, les *Dasyus*, les *Panis*, *Vritra*. Le courage et l'héroïsme nécessaires dans cette bataille conféraient aux Rishis une connaissance intime des complexités de la toile du monde, ainsi que

---

1. समुद्रात् ऊर्मिः मधुमान् उदारद् उपांशुना सं अमृतत्वं आनद् ।
घृतस्य नाम गुह्यं यद् अस्ति । जिह्वा देवानां अमृतस्य नाभिः... – IV.58.1

2. आ ये विश्वा स्वपत्यानि तस्थुः कृण्वानासो अमृतत्वाय गातुम् ।
महना महद्भिः पृथ्वी वि तस्थे माता पुत्रैः अदितिः धायसे वेः... – I.72.9

la connaissance des moyens intérieurs par lesquels les enchevêtrements de cette toile pouvaient être démêlés et l'emprise des forces adverses desserrée et annulée.

Mais leur découverte la plus élevée fut celle de l'Un, du mystérieux et du merveilleux, de l'éternel, non lié au temps et à l'espace, insaisissable même par les envols les plus élevés de la pensée. Comme Indra l'énonce :

« Cela n'est pas aujourd'hui, Cela n'est pas demain ; qui connaît Ce qui est Suprême et Admirable ? Cela a mouvement et action dans la conscience de l'autre, mais, approché par la pensée, Cela s'évanouit. »[1]

La complexité, la richesse des connaissances de l'Un apparait de plus en plus évidente quand on essaye de comprendre la grande phrase du Rishi Dirghatamas : *ekam sad viprā bahudhā vadanti* : le dieu Un qui est diversement décrit par les sages. Cet Un, *tad ekam*, qui était décrit dans les Védas comme triple divin, se vit définir par un mot complexe dans les Upanishads, « *Sacchidananda* ». Un résumé plus détaillé de la complexité de cette réalité unique fut élaboré encore dans des mots intensément significatifs, *Brahman, Purusha, Ishwara* accompagnés des mots : *Maya, Prakriti* et *Shakti*. Les Védas regorgent de descriptions de cette réalité unique, et ils nous invitent à dépasser tous les exercices superficiels de spéculation afin que, par un acte de conscience méditatif et expérimental, nous puissions essayer d'entrer dans le mystère et l'émerveillement intérieurs.

Le concept subtil et complexe de *tad ekam* est à l'origine du caractère également complexe des divinités védiques, lesquelles ont été très mal comprises par ceux qui ne leur attribuent qu'une signification physique extérieure. Chacun de ces dieux est en lui-même une personnalité cosmique de l'existence unique, entière et distincte, et en combinant leurs pouvoirs, ils représentent la puissance totale universelle, le tout cosmique. Chacun des dieux, en dehors de sa fonction particulière, est un avec les autres, chacun contient en lui la divinité universelle. Chaque dieu est tous les autres dieux. C'est à cet aspect de l'enseignement védique que les érudits européens donnèrent le nom impropre d'hénothéisme. Mais le Véda dit encore que ces divinités revêtent leur plus haute nature dans le triple infini et sont des noms de l'ineffable Un sans nom.

---

1. न नूनमस्ति नो कस्तद्धेद यदद्भुतम् ।
अन्यस्य चित्तमभि संचरेण्यमुताधीतं वि नश्यति. – I.170.1

II

Ces sommets élevés de la connaissance présents dans les Védas servent d'éléments de continuité, et nous les retrouvons, ou certains d'entre eux, dans des termes identiques ou différents, dans tous les développements successifs de la religion et de la spiritualité indiennes. Les Upanishads, qui étaient les plus proches des Védas, sont reconnues comme étant l'apogée et le terme des Védas, c'est ce que nous dit leur nom général : Védanta. Dans l'intensité de recherches que l'on peut deviner dans des documents tels que la Chhandogya et lae Brihadaranyaka, les vérités détenues par les Rishis védiques brisèrent les barrières qui étaient présentes dans le système de communication antérieur. Elles se répandirent dans les esprits les plus élevés de la nation et fertilisèrent le sol de la culture indienne permettant une croissance constante de la conscience et de l'expérience spirituelle. Et alors que cette tendance était encore visible surtout parmi les kshatriyas et les brahmanes, on trouve parmi ceux qui atteignirent la connaissance, des hommes tels que *Janashruti*, le *shudra* fortuné, ou bien *Satyakama Jabala*, fils d'une servante et qui ne savait pas qui était son père.

Les Upanishads marquent à la fois continuité et changement. Les voyants védantiques renouvelèrent la vérité védique en l'extrayant de ses symboles cryptiques, et en la transposant dans le langage puissant de l'intuition et de l'expérience, le plus élevé et le plus direct qui soit. Il est vrai que le langage des Upanishads n'était pas chose de l'intellect, mais l'intellect pouvait quand même s'emparer de sa forme, le traduire dans ses propres termes, plus abstraits, et la convertir en point de départ pour une spéculation philosophique plus large et profonde, et une recherche intellectuelle de la vérité originelle, suprême et ultime. C'est cette réaffirmation védantique de la connaissance védique qui fut le socle de la continuité. Le développement indien de la religion et de la spiritualité fut guidé, élevé et de plus en plus pénétré et imprégné par le pouvoir salvateur védantique de la spiritualité.

La période suivante de la civilisation indienne fut marquée par un nouveau climat créé par un épanouissement de recherches intellectuelles, par le développement de grandes philosophies et de littérature épique de différentes sortes, par la naissance des arts et des sciences, et par l'évolution d'une société vigoureuse et complexe. En même temps, le bouddhisme commençait à se développer, et semblait rejeter toute continuité spirituelle avec la religion védique. Et pourtant, la religion indienne, après avoir absorbé en elle tout ce qu'elle pouvait du bouddhisme, conserva le fil de sa propre continuité remontant à l'ancien Védanta.

En effet, il y eut tout de même un grand changement, mais ce changement se fit non par une destruction de principes, mais par une disparition progressive des formes védiques les plus importantes et leur remplacement par d'autres. L'effort mystique psychique et spirituel des hymnes védiques disparut dans une lumière intense, mais en même temps la vie intérieure psycho-spirituelle, plus large, plus riche et plus complexe des religions puraniques et tantriques, et du yoga se développa.

III

Les Puranas existaient déjà dans les temps anciens de la période védique, mais c'est seulement au cours de la période post-védique qu'ils se développèrent complètement et devinrent l'expression littéraire caractéristique et principale de l'esprit religieux en Inde. C'est à cette période que nous devons attribuer, non pas toute la substance, mais l'essentiel des écrits puraniques et la forme que nous leur connaissons aujourd'hui. Quel que soit notre jugement final sur leur signification, on peut remarquer que les Puranas, ainsi que leurs contemporains les Tantras, détiennent les vérités spirituelles et physiques les plus élevées provenant des hautes réalisations des Védas et des Upanishads. Ces vérités ne sont pas fragmentées et exprimées en opposition les unes avec les autres, contrairement aux débats des penseurs, mais elles sont synthétisées par une fusion, par une relation ou un regroupement qui convient le mieux à la nature de l'esprit indien. Cela se fait le plus souvent sous une forme susceptible d'apporter quelque chose à l'imagination et au sentiment populaires, par une légende, un conte, un symbole, un épilogue, un miracle, une parabole. Après tout, cette méthode est un simple prolongement de la méthode utilisée dans les Védas, sous une forme et avec un caractère différent. Le système du symbolisme puranique est construit en termes d'images physiques et d'observances, chacun avec sa signification psychique propre. La géographie des Puranas est expliquée dans les Puranas eux-mêmes comme une riche représentation poétique, il s'agit d'une géographie symbolique de l'univers psychique intérieur. Comme dans les Védas, la cosmogonie des Puranas a une signification et une base spirituelle et psychologique, et elle s'exprime parfois en termes propres à l'univers physique. La riche et inépuisable multitude d'histoires puraniques eut un effet considérable pour former les esprits à répondre à l'appel psycho-religieux et psycho-spirituel qui préparait une capacité pour des choses plus élevées. Tous les Puranas ne sont pas d'un contenu supérieur, mais dans l'ensemble les méthodes poétiques utilisées sont justifiées par la richesse et la puissance des créations. Oui, certains des Puranas sont excellents dans le fond et dans la forme. Le Bhagavata Purana, par exemple, qui fut fortement influencé par la forme littéraire savante et plus ornée du discours, est une production extraordinaire, pleine de subtilités, d'une pensée riche et profonde, et de beauté. C'est dans ce Purana que nous voyons le point culminant des religions émotionnelles et esthétiques de la *bhakti*. L'objectif du bhakti-yoga était de saisir et de transformer l'émotionnel, le sensuel, et même le mouvement sensuel de l'être, en une forme psychique et d'utiliser ces éléments afin d'atteindre la joie de l'amour, du délice et de la beauté de Dieu. Dans les Puranas ultérieurs, nous assistons au développement de symboles esthétiques et érotiques, et, comme dans le Bhagavata, on leur donne tout pouvoir pour exprimer leur sens spirituel, philosophique et psychique, et pour remodeler la signification antérieure du Védanta, transférant le centre de la synthèse, autrefois synthèse de connaissances, vers une synthèse de l'amour et du délice spirituels. L'aboutissement parfait de cette évolution se trouve dans la philosophie et la religion de l'amour divin promulguées par Sri Chaitanya.

Il est vrai que dans les Puranas, les divinités védiques perdirent rapidement leur importance profonde d'origine. La grande trinité, *Brahma*, *Vishnu* et *Shiva*, finit par dominer et donna naissance à un nouveau panthéon. Il faut cependant souligner que la prédominance de cette trinité résulte de l'importance qui était donnée à ces trois dieux dans les Védas. *Brahma* se développa évidemment à partir de *Brahmanaspati* ; *Vishnu* était déjà reconnu comme une divinité omniprésente et avait un lien étroit avec *Rudra* ou *Shiva*. Il est vrai que dans les Védas, un plus grand nombre d'hymnes étaient dédiés à *Agni* et à *Indra*, mais l'importance des dieux védiques ne doit pas se mesurer au nombre d'hymnes qui leur sont consacrés. En réalité, *Agni* et *Indra* n'étaient pas plus importants que *Vishnu* et *Rudra*. Dans les Védas, *Rudra* et *Brahmanaspati* fournissent les conditions de l'œuvre védique et aident les divinités plus présentes et actives en restant en arrière. *Brahmanaspati* est le créateur par le verbe et c'est à partir de cet aspect que la conception puranique ultérieure de *Brahma*, le créateur, se développa. Dans le mouvement ascendant des formations de *Brahmanaspati*, *Rudra* fournit la force. Dans les Védas, il est nommé le puissant des cieux, mais il commence son travail sur terre et donne effet au sacrifice dans les cinq plans de notre ascension. Il est décrit comme le Violent qui guide l'évolution ascendante de l'être conscient. Sa force combat tous les maux et frappe le pécheur et l'ennemi. *Agni*, *Kumara*, le prototype du *Skanda* puranique, est sur terre l'enfant de cette force de *Rudra*. Dans bien des aspects décrits dans les Védas, il y a tout le matériau nécessaire à l'évolution vers le *Shiva-Rudra* puranique, le destructeur et le guérisseur, le favorable et le terrible, le maître de la force agissant dans les mondes et le yogi qui jouit de la liberté et de la paix suprêmes. Alors que *Brahmanaspati* crée par le verbe et que *Rudra* supplée la force, *Vishnu* fournit les éléments statiques nécessaires. C'est-à-dire le mouvement ordonné des mondes et les buts les plus élevés. Les Védas parlent des trois enjambées de *Vishnu* qui engendrèrent tous les mondes. Ils nous disent que *Vishnu* envahit tous ces mondes et qu'il donne plus ou moins de place aux actions et aux mouvements des autres dieux. Encore une fois, le *Vishnu* védique est le précurseur naturel et l'origine suffisante du *Narayana* puranique, qui est le préservateur et le seigneur de l'amour.

Dans la religion védique, les sacrifices rituels occupaient la place centrale. Dans la tradition puranique, le sacrifice védique se perpétua seulement sous la forme de fragments de moins en moins nombreux. L'autel avec le feu fut remplacé par le temple, et le rituel karmique du sacrifice fut transformé en rituel dévotionnel du temple. Les images physiques des deux grandes divinités, *Vishnu* et *Shiva*, ainsi que leurs shaktis et leurs émanations, furent utilisées afin de stabiliser leurs fonctions psychologiques, et devinrent la base de l'adoration intérieure et du culte extérieur. Ici encore, on peut mentionner que le culte des images semble s'être développé à partir du concept védique selon lequel l'homme prend les puissances cosmiques qui agissent dans l'univers, en fait une image dans sa propre conscience et dote cette image de la vie et de la puissance que l'être suprême a insufflées dans ses propres formes divines et ses énergies universelles. C'est pour cette raison que le culte indien des représentations n'est pas l'idolâtrie d'un esprit barbare ou frustre, car même les plus ignorants savent que l'image est un symbole et un support et qu'on peut s'en passer quand son usage est terminé.

La célébration de la présence intérieure du divin dans l'univers et dans l'homme est une grande contribution des Puranas. Le concept védique du sacrifice de *Purusha*, qui est un des mystères de la tradition védique, peut être vu comme le précurseur du concept des *avatars* divins qui joua un rôle majeur dans la littérature épique et puranique en Inde. Là encore, nous pouvons voir dans les Puranas la continuité des Védas.

IV

On apprécie la signification intérieure des Puranas lorsqu'on réalise que la religion puranique était un effort, couronné de succès dans une large mesure, pour ouvrir l'esprit général du peuple à un domaine plus élevé et plus profond de vérités, d'expériences et de sentiments intérieurs. C'était une tentative globale pour attirer vers la vérité spirituelle des esprits de toutes qualités et des personnes de toutes classes. Alors qu'une grande partie des connaissances psychiques profondes des voyants védiques se perdit, beaucoup de nouvelles connaissances se développèrent, des chemins inexplorés s'ouvrirent et cent portes furent découvertes vers l'infini. Les Puranas tentèrent d'influencer la nature intérieure vitale et émotionnelle, d'éveiller un mental plus intérieur, même chez l'homme le plus ordinaire, pour le conduire à travers cela vers une vérité spirituelle plus élevée. Le système puranique, tout comme le système tantrique, était un vaste effort, solide et à multiples facettes. On peut dire qu'il était sans égal dans sa puissance, dans sa perspicacité et dans son amplitude, pour fournir à la race humaine une base d'expérience psycho-religieuse généralisée. À partir de cette dernière, l'homme pouvait, par la connaissance, les œuvres, l'amour, ou par toute autre puissance fondamentale de sa nature s'élever à une expérience suprême établie et au statut le plus élevé.

La plupart des critiques défavorables aux Puranas sont dues à la méconnaissance des intentions qui se cachaient derrière les formes de culte purano-tantrique, et des méthodes mythologiques utilisées dans les œuvres littéraires. Une grande partie de ces critiques s'est concentrée sur des points marginaux et sur des aberrations qui ne pouvaient guère être évités dans cet élargissement expérimental et audacieux de la base de la culture. En même temps, il est aisé de voir comment, dans l'ignorance croissante des époques ultérieures, les parties les plus techniques du symbolisme puranique se prêtaient inévitablement à beaucoup de superstition et à des idées physiques rudimentaires sur les choses spirituelles et psychiques.

Le système védique des différents plans d'existence et des mondes correspondants demeura fondamentalement inchangé dans les Puranas. Les Puranas évoquent les sept principes de l'existence, et les sept mondes leur correspondent avec une exactitude suffisante. Le principe de l'existence pure, *sat*, correspond au monde de la vérité de l'être la plus élevée (*Satyaloka*). Le principe de la conscience pure, *chit*, correspond au monde de la volonté infinie ou de la force consciente (*Tapoloka*). Le principe de la félicité pure, *ananda*, correspond au monde du délice créatif de l'existence (*Jñanaloka*). Le principe de la connaissance ou de la vérité, *vijñana*, correspond au monde du Vaste (*Maharloka*). Le principe du mental, qui était le *Dyau* dans les Védas, correspond au monde puranique de la lumière (*Swar*). Le principe de la vie, qui était le principe de l'*antariksha* dans les Védas, correspond au monde du devenir divers (*Bhuvar*). Finalement, le principe de la matière, *prithvi*, correspond au monde matériel (*Bhur*). La gradation cosmique des Védas correspond à celle des Puranas, bien qu'elle soit organisée différemment, c'est-à-dire sept mondes en principe, cinq en pratique, trois dans leurs groupements généraux.

Tout comme les Védas s'intéressent à l'application de la connaissance intérieure à la résolution des problèmes pratiques de la vie, les Puranas visent à exposer la connaissance la plus élevée et à inspirer un nombre croissant de personnes à appliquer cette connaissance dans les combats de la vie. De même que les Védas sont le récit de la bataille intérieure de la vie contre *Vritra, Vala* et les *Panis*, les Puranas racontent le combat entre les dieux, les *dévas*, et leurs ennemis, les asuras, les rakshasas et les pishachas. Les Védas évoquent l'immortalité comme but ultime, et les Puranas parlent de la conquête de l'élixir de vie et de l'obtention de la joie céleste immortelle.

En dépit des changements importants de couleurs et d'atmosphère, il y a, dans les dimensions plus profondes et plus vastes d'expériences, une continuité entre les Védas et les Puranas.

V

Le grand effort des Puranas, donc de la période *purano-tantrique*, s'étendit de l'âge védique au déclin du bouddhisme. Ce n'était cependant pas la dernière occasion d'évolution pour la religion en Inde. Il semble qu'il y ait un dessein caché dans son développement. Elle vise certes à servir de médiateur entre Dieu et l'homme, mais elle veut également éduquer tous les aspects de l'homme, toutes les sections de la société humaine et tous les types de potentialités afin que Dieu puisse se manifester sous tous ses aspects dans la vie physique de l'homme. La période védique prépara la nature de l'homme extérieur pour la spiritualité. La seconde période, la période puranique, fit passer cette vie extérieure de l'être humain à une vie mentale et psychique plus profonde et le mit plus directement en contact avec l'esprit et la divinité en lui. La période post-puranique eut pour but de rendre l'être humain capable de maîtriser complètement la vie mentale, psychique et physique pour en faire le commencement d'une vie spirituelle au moins généralisée. Cette œuvre avait été commencée, on peut le voir à l'efflorescence de philosophies, de grands mouvements spirituels de saints et de bhaktas et à une pratique croissante des différentes voies du yoga. Mais avant que cette tâche puisse se poursuivre, la culture indienne commença malheureusement à décliner et, en raison de l'effondrement croissant de la vitalité générale et des connaissances, elle ne put porter ses fruits naturels. Ce qui avait été accompli était néanmoins extrêmement important et engendra de grandes possibilités pour l'avenir. Dans la situation actuelle en constante évolution, le sujet de la continuité et du changement est devenu primordial. Une fois de plus, nous devons comprendre l'essence même des Védas, des Puranas et des Tantras, ainsi que celle de l'ère post-puranique avec ses grands mouvements de *bhakti* et de yoga multidimensionnel. Et nous devons nous ouvrir afin de faire des trésors du passé notre soutien dans la tâche inachevée de la divinisation intégrale de la vie humaine et de la nature. Il semble que la mission de l'Inde soit d'élaborer la spiritualisation la plus vaste et la plus haute de la vie sur terre, en dépassant même toutes les limites exclusives et restrictives des religions ou de l'esprit religieux. C'est dans cette direction que l'Inde doit avancer si elle veut accomplir la mission de son âme la plus profonde.

Tradition védique et crise contemporaine

La tradition védique transmet un message puissant pour l'humanité contemporaine enlisée dans la crise. La nature de ce message est difficilement descriptible à l'aide du vocabulaire ordinaire et familier de la sociologie, de l'économie et de la politique. Mais il est possible de le comprendre si nous regardons de plus près la tradition védique, non seulement dans sa portée religieuse extérieure, mais aussi dans sa recherche d'une connaissance liée à ce que les Védas appellent *Prithvi*, la terre, *Antariksha*, les niveaux subtils d'existence entre la matière et le mental, *Dyau*, le plan du mental supérieur, *Svah*, le monde de la lumière, et *Surya*, le monde du jour éternel ou de la lumière supramentale et, encore au-delà, l'unité et l'harmonie transcendantales.

Car le Védas est fondamentalement un livre ésotérique de connaissance, celle qui est terrestre et supraterrestre, cosmique et supra-cosmique. Ce n'est que lorsque la tradition védique est comprise comme une expansion graduelle de ce qui est contenu dans la graine védique de la connaissance intégrale que nous pouvons comprendre ses véritables explications ; on peut alors découvrir son pouvoir de renouvellement et sa capacité à initier la découverte de nouvelles connaissances et de nouvelles solutions aux problèmes des individus et de la collectivité. En déclarant que les Védas sont sans limites, *anantāh vedāh*, la tradition védique se libéra de la contrainte d'un texte écrit dans un quelconque livre, et conserva la possibilité de faire de nouvelles recherches et d'accumuler de nouvelles connaissances. Même la tradition religieuse tirant son inspiration des Védas put déclarer qu'au-delà de toute forme de connaissance, de tout dogme ou croyance, de tout rituel, cérémonie ou acte prescrit, l'humanité dispose d'une connaissance vivante qui peut s'acquérir et se posséder par le biais d'expériences et de réalisations qui, à leur tour, peuvent être encore transcendées et absorbées dans des expériences et des réalisations plus grandes. Cette tradition religieuse pointe donc vers quelque chose qui la dépasse ; elle transmet le message que Dieu, la lumière, la liberté, la félicité et l'immortalité peuvent être atteints par un mouvement de conscience toujours ascendant, de sorte que l'individu et la collectivité peuvent se libérer des limitations, des contraintes et des imperfections qui les enserrent. Cette connaissance s'est constamment développée des temps anciens à nos jours, et si nous prenons la peine d'étudier tout son développement, nous y trouverons les solutions pour résoudre l'essentiel de la crise actuelle.

Les connaissances védiques – connaissances ésotériques – peuvent être perçues comme le corpus le plus ancien de la connaissance du yoga, et déjà une sorte de synthèse. Le mot même *Véda*, provenant de la racine *vid*, qui signifie savoir, décrit les livres des Védas comme des livres de connaissance et ils furent considérés à juste titre comme une norme et une autorité, même pour les Upanishads qui étaient reconnues comme l'apogée de la connaissance. Les Védas sont également perçus, assez justement, comme *karma-kanda*, et même si les ritualistes comprennent ce *karma-kanda* dans le sens restreint d'un système de rituels, c'est en réalité un message concernant les œuvres, message qui plus tard sera défini comme le *karma-yoga* [yoga des œuvres] par la Bhagavad-Gîtâ. Les Védas sont également des livres de prières, d'adoration, de dévotion, et de secrets sur l'abandon et sur le sacrifice de soi – également une description juste des Védas. En effet, ils sont une synthèse, la première synthèse entre la connaissance, le travail et la dévotion. C'est cette synthèse qui guida le développement des synthèses ultérieures de la tradition védique. C'est également celle-ci qui permit aux tendances et pratiques religieuses qui allaient se développer durant des milliers d'années d'éviter l'exclusivisme et les conflits entre les religions. C'est elle aussi qui permit l'unité des êtres humains avec le monde et le cosmos tout entier, ses pouvoirs visibles et invisibles, ainsi que l'unité la plus élevée avec la conscience de la vérité, *rita chita*. Elle fut même la source de cette unité, l'Un que les Rishis baptisent de plusieurs noms, *ekam sad viprā bahudhā vadanti*. Dans les Védas, nous trouvons le secret de l'unification des facultés supérieures de révélation, d'inspiration, d'intuition et de discernement avec leurs divinités cosmiques correspondantes, qu'il est possible de découvrir par des processus d'évocation et de sacrifice – processus qui sont, dans leurs aspects ésotériques, de caractère psychologique. Encore une fois, les Védas sont un hymne à la perfectibilité humaine, tant dans ses aspects individuels que collectifs. Dans les hymnes finaux du Rig-Véda, nous trouvons deux messages importants, qui sont encore plus pertinents de nos jours que par le passé. Le premier message consiste à inciter l'être humain à devenir un être mental, mais toutefois à ne pas se restreindre aux pouvoirs du mental et de l'intellect et à les dépasser afin de devenir un être lumineux possédant les facultés et les pouvoirs de la connaissance cosmique et transcendantale. En des mots simples, mais frappants, l'hymne nous dit :

मनुर्भव जनय दाव्यम् जनम्

« Sois d'abord Manu, l'être mental,
et ensuite crée l'être divin,
l'être de lumière divine. »

Dans le dernier hymne, le Rig-Véda prône une vie collective harmonieuse, une vie dans laquelle les gens travailleraient ensemble, penseraient ensemble, parleraient ensemble, se mettraient tous d'accord, et tout cela dans l'harmonie. Encore de nos jours, l'humanité peut entendre ces grandes paroles inspirantes : *« Puissiez-vous marcher ensemble, parler ensemble d'une seule voix, avoir des pensées communes. »* L'apogée de ce message nous parvient avec force, nous inspire et nous guide : *« Que votre aspiration soit une, que vos cœurs soient unis, que vos pensées soient communes, pour que tous vous viviez heureux dans une union totale. »*[1]

Les Upanishads continuèrent la grande synthèse des Védas, mais mirent également en évidence une synthèse de diverses disciplines de connaissance. Elles nous amènent au cœur des relations complexes de l'ignorance et du savoir, *avidyā* et *vidyā*, et de la connaissance inférieure et de celle qui est supérieure, *aparā vidyā* et *parā vidyā*. Elles nous parlent du couvercle doré qui doit être brisé pour que se rassemblent les rayons de la connaissance suprême de l'identité du fini et de l'infini, de l'individu et du suprême, dans laquelle se manifeste l'harmonie de l'Un sans second. Elles éclairent les relations entre la connaissance qui nous vient par l'ouverture de nos sens extérieurs et celle qui nous vient en nous tournant vers l'intérieur. Elles décrivent également la transition de l'état d'éveil à l'état de rêve, puis à l'état de sommeil, culminant dans le quatrième état, *turīya avasthā*. Elles révèlent le secret de l'unité du non-être et de l'être et même de leur

---

1. *Rig Véda* X.191.4.

identité. Et, à travers leur grande déclaration *tattvam asi*, *Tu es Cela*, elles nous révèlent comment l'individu est un en essence avec tous les autres, et elles révèlent le secret de la vie, de la mort et de l'immortalité.

Lorsque nous arrivons à la Bhagavad-Gîtâ, nous y trouvons la quintessence des Védas et des Upanishads, avec un élément supplémentaire : une synthèse unique de la Connaissance, des Œuvres et de l'Amour divin, une synthèse formulée de façon intégrale, pour résoudre la crise à laquelle est confronté le représentant humain, qui ne sait comment agir. Encore de nos jours, lorsque nous lisons la Gîtâ, il est frappant de constater que la crise à laquelle fit face Arjuna à *Kurukshetra*, le champ de bataille, qui est également la bataille de la vie, est similaire à la crise contemporaine. Et la solution proposée par la Bhagavad-Gîtâ peut s'appliquer à notre propre crise. Le contexte de la crise contemporaine propose différentes sortes d'action juste, et nous sommes déconcertés, comme l'était Arjuna, lorsqu'il s'agit de décider quelle est exactement l'action juste. Arjuna était un chef motivé par l'objectif de protéger, et d'établir le droit et la justice ; et de la même manière, chacun d'entre nous, même s'il n'est pas un chef, est un soldat dans l'armée de tous ceux qui aspirent à défendre les nobles causes de la paix et de l'unité. Chacun d'entre nous est engagé d'une manière ou d'une autre dans la bataille, et cette aspiration est combattue par des forces qui contrecarrent le mouvement ascendant par lequel seulement la crise peut être surmontée. Tout comme Arjuna était envahi par le doute provenant du conflit entre les différentes règles d'action, nous aussi, nous sommes hésitants et incapables de choisir la règle d'action devant nous guider dans la bataille difficile où nous sommes engagés. Et la solution que nous offre la Bhagavad-Gîtâ, c'est de suggérer le très profond secret grâce auquel le changement nécessaire pourra être effectué, à la fois dans notre conscience intérieure et dans notre environnement extérieur, et notre crise résolue.

On pourrait toutefois faire valoir que le message le plus élevé de la Gîtâ ne concerne que des hommes comme Arjuna, des maîtres-penseurs, de grands esprits, ceux qui connaissent Dieu, agissent pour Dieu, aiment Dieu, ceux qui peuvent vivre en Dieu et pour Dieu et accomplir joyeusement leur travail pour lui dans le monde. Il est vrai, mais d'un autre côté, la Gîtâ déclare que, s'il le veut, même l'homme le plus inférieur et le plus pécheur peut pénétrer dans la voie du yoga. Ce qui est nécessaire, dit la Gita, c'est un tournant décisif. Il faut une foi inébranlable dans l'Esprit, la volonté sincère et persistante de vivre dans le divin, de ne faire qu'un avec lui et dans la nature. Car s'il y a de l'espoir pour l'être humain, pourquoi n'y en aurait-il pas pour l'humanité ?

On pourrait aussi soutenir que le message le plus élevé de la Gîtâ n'est pertinent que pour la crise d'un individu, or ce à quoi nous sommes confrontés aujourd'hui est une crise plus générale et plus profonde, non seulement pour les individus, mais pour tout l'ensemble de la race humaine. Cet argument a sa validité et sa force, mais on peut répondre que la Gîtâ donne une clé capitale, bien que dans sa fin cryptique elle soit réticente quant aux implications de cette clé. Dans tous les cas, la Gîtâ n'est pas le mot ultime de la tradition védique ; celle-ci s'est toujours efforcée de se développer de plus en plus sur des lignes permettant d'inclure et d'élever des sections de plus en plus grandes de la population, des couches de plus en plus nombreuses de l'humanité. Si nous examinons la tradition plus profondément, nous constaterons qu'il y eut trois étapes distinctes dans son développement. La première phase fut celle de la période védique elle-même, la seconde fut marquée par la période purano-tantrique, et la troisième fut l'âge de la *bhakti* qui, pour différentes raisons, ne put achever sa trajectoire. Le développement cessa, et l'Inde plongea dans une grande période de déclin. Pourtant, lorsqu'il y eut une renaissance au XIXe siècle, les principes de la troisième étape furent repris rapidement, et nous sommes déjà dans l'étape suivante de développement où nous voyons une tentative nouvelle capable de relever les défis non seulement du pays, mais même ceux posés par la crise de toute l'humanité.

À l'époque védique, alors que les expériences spirituelles les plus élevées étaient réservées aux initiés, la religion extérieure était destinée aux immatures, ce qui préparait toutefois le mental physique des masses à se tourner vers les ressources plus profondes de la connaissance. À l'époque purano-tantrique, les sommets des Védas et des Upanishads ne furent pas dépassés, mais les profondeurs furent approfondies, les subtilités affinées, et des méthodes furent découvertes et développées afin de préparer non seulement le mental physique mais le mental et le vital intérieurs, et la conscience subliminale des gens. Cela permit à de plus grandes sections du peuple d'accéder à la possibilité d'une vie spirituelle plus généralisée. C'est la raison pour laquelle les masses indiennes s'accoutumèrent à répondre plus rapidement à l'objectif et à la pratique spirituelle. Lorsque nous arrivons à la troisième phase, nous constatons que les figures les plus importantes, les saints et bhaktas les plus grands développèrent une synthèse plus large qui pouvait faciliter la vie extérieure et intérieure, non seulement des individus, mais aussi de grandes collectivités, pour participer à une vie spirituelle plus généralisée. En effet, la solution spirituelle est la vraie solution, et aucune crise humaine de grande ampleur ou du type de celle à laquelle nous sommes confrontés aujourd'hui ne peut être résolue sans recourir à cette solution, même si des solutions de moindre importance peuvent sembler pallier temporairement une partie du problème ou de la crise au niveau physique, vital ou mental. Mais la question de savoir comment une humanité plus large peut être préparée et comment des solutions spirituelles peuvent être présentées au niveau collectif a également été intégrée dans la tradition. Nous avons dans l'Inde renaissante un diagnostic plus clair de la crise collective contemporaine et une solution radicale qui peut être appliquée, si on le veut, à une très vaste échelle pour la délivrance de l'humanité.

La spiritualité renaissante de l'Inde, de Maharshi Dayananda Saraswati, Sri Ramakrishna et Swami Vivekananda jusqu'à Sri Aurobindo, a deux préoccupations importantes. La première est de mettre l'accent sur une spiritualité dynamique en opposition à une spiritualité ascétique qui ne se limite qu'à la conquête de l'esprit au détriment de l'utilité de la vie. La seconde préoccupation de cette spiritualité n'est pas seulement de fournir des voies de salut individuel, mais d'établir des voies de salut collectif. Cet esprit est perceptible dans l'un des passages remarquables de Swami Vivekananda, où il écrit ce qui suit :

« J'ai perdu tout espoir de salut pour moi ; laissez-moi naître encore et encore, souffrir des misères par milliers pour que je puisse adorer le seul Dieu qui existe, le seul Dieu auquel je crois, la somme de toutes les âmes, – et par dessus tout, l'objet de mon adoration, c'est mon Dieu le malfaisant, mon Dieu le misérable, mon Dieu le pauvre de toutes les races, de toutes les espèces. Lui qui est le supérieur et l'inférieur, le saint et le pécheur, le dieu et le ver de terre, adorez-le, lui, le visible, le connaissable, le réel, l'omniprésent ; brisez toutes les autres idoles. En qui il n'y a ni vie antérieure, ni naissance future, ni mort, ni départ ni arrivée, en qui nous avons toujours été et serons toujours un, Celui-là, adorez-le, brisez toutes les autres idoles. »

Lorsque nous arrivons à Sri Aurobindo, nous assistons à un changement radical et même à un nouveau départ en direction d'une réalisation, d'une libération et d'une perfection collectives. Dans ce nouveau départ, nous trouvons une nouvelle synthèse fondée sur une nouvelle découverte. Cette synthèse prend en compte non seulement les vedantins orthodoxes des différentes écoles, les Tantras, les adeptes des religions théistes passées et présentes, mais encore le bouddhisme et le jaïnisme, et même les enseignements vastes et universels de la Gîtâ et les connaissances spirituelles les plus élevées des Védas et des Upanishads. Elle prend également en compte les éléments nouveaux qui sont apparus de nos jours, y compris les révélations puissantes, bien que limitées, de la connaissance et de la recherche modernes. En se fondant sur les synthèses passées des Védas, des Upanishads, de la Gîtâ et des Tantras, celle que formula Sri Aurobindo propose de répondre directement à la crise étendue et globale de l'humanité d'aujourd'hui. Cette synthèse reprend la connaissance védique du supramental, de *satyam*, *ritam* et *brihat*, le Vrai, le Juste, le Vaste, mais la différence c'est qu'elle atteint les sommets de plus en plus élevés du supramental. Comme Sri Aurobindo l'explique, elle a pour but de faire descendre sur la terre physique les connaissances et pouvoirs supramentaux grâce auxquels seulement la crise actuelle peut être affrontée et résolue. Sri Aurobindo donna une nouvelle direction et un nouveau but à la méthode védique d'ascension et de descente, ascension vers les niveaux supérieurs de conscience et descente de ces niveaux-là vers des niveaux de conscience inférieurs. Comme l'indique Sri Aurobindo, l'objet de cette synthèse de yoga n'est pas que l'individu atteigne une réalisation divine pour lui-même ; c'est que quelque chose soit atteint pour la conscience terrestre ici-bas, une réussite cosmique, et pas seulement supracosmique.

Le message le plus récent de l'Inde, exprimé à travers Sri Aurobindo, est celui de l'application des connaissances concernant l'ascension vers le supramental et sa descente, à la totalité de notre vie sur terre. La crise humaine actuelle découle de la constante effervescence partout de tous les aspects de la vie, de leurs exigences simultanées et des conflits qui en résultent. Comme l'indique Sri Aurobindo, d'un côté l'humanité a épuisé les possibilités les plus importantes de la raison, de sa puissance supérieure, et, d'un autre côté, les appétits dévorants du subconscient ont commencé à remonter irrépressiblement à la surface. La course de la raison humaine est parvenue à son terme et on constate que la raison la plus élevée ne peut découvrir la lumière qui permettrait à l'humanité de faire face à l'invasion des forces de la déraison, du subconscient, de l'inconscient, et de construire un monde de paix et d'harmonie. Nous sommes arrivés à une phase dans laquelle il est nécessaire de briser les limites des facultés humaines afin de construire une nouvelle humanité ou super-humanité. Sri Aurobindo donna le nom de « crise évolutive » à la crise à laquelle nous sommes confrontés. Si la vie a évolué à partir de la matière, et si le mental a évolué à partir de la vie, c'est maintenant au supramental d'évoluer à partir du mental. C'est la naissance du supramental dont la crise contemporaine a besoin, et Sri Aurobindo a expliqué dans ses nombreux écrits comment a été non seulement conçue, mais aussi expérimentée avec succès, l'action nécessaire du supramental. Si l'humanité accepte sa spiritualisation, dit-il, la solution supramentale peut lui être offerte.

La pertinence de cette œuvre immense est évidente. Elle nous invite à entamer la tâche de l'exploration intérieure et de la transformation intérieure et extérieure. Si nous sommes développés, nous pouvons aller encore plus loin, et si nous ne le sommes pas encore suffisamment, l'aide nécessaire peut venir si nous acceptons de la recevoir. Ce qu'il faut développer et recevoir n'est pas un quelconque nouveau dogme ou une nouvelle adhésion ritualistique à une croyance ou à une autre. Le nouveau message est celui d'une connaissance dont on peut faire l'expérience, qu'on peut vérifier et appliquer pour produire des résultats concrets. L'Inde d'aujourd'hui, si obscurcie soit-elle à bien des égards, et si formidables que soient ses faiblesses et ses problèmes, se distingue encore par une parole et une puissance qui peuvent, si elles sont entendues et utilisées, la délivrer, elle et l'humanité, de la crise qu'elles traversent aujourd'hui.

Il semble que nous entendons encore le grand message des Védas :

मुरुह्वाव जनर दाव्यिर जनर

[« Sois d'abord Manu, l'être mental,
et ensuite crée l'être divin,
l'être de lumière divine. »]

Et,

समच्छादहवꣳ सम्वदादहवꣳ सꣳ वे मन्स्ँजनतꣳ

[« Puissiez-vous marcher ensemble,
parler ensemble d'une seule voix,
avoir des pensées communes. »]

Mais nous l'entendons aujourd'hui avec une puissance encore plus forte et avec une plus grande force d'élévation.

Sagesse antique de l'Inde et défis contemporains

Quels sont les problèmes cruciaux de notre époque ? En quoi l'antique sagesse indienne pourrait-elle être pertinente afin de résoudre nos problèmes alors que les connaissances modernes semblent être si avancées ? Depuis deux siècles, l'humanité a pris un sérieux virage : dans sa pire manifestation, deux guerres dévastatrices ont ravagé la terre entière et, dans sa meilleure manifestation, le désir mondial d'unir les peuples du monde a pris une forme concrète. D'un côté, la survie de l'humanité sur terre a été gravement menacée. D'un autre côté, on a réalisé qu'une nouvelle conscience devait s'emparer de l'humanité et devait changer la nature humaine de manière si radicale que l'esprit d'harmonie et d'unité ne régnerait plus seulement comme une idée et un désir, mais s'incarnerait dans la vie humaine comme son souffle vivant.

Un fait significatif est que l'âge de la raison, qui commença durant la Renaissance en Occident, qui s'épanouit depuis cette époque, et se répandit dans le monde entier à divers degrés de prépondérance, va maintenant se terminer. Les questions qu'il avait soulevées, mais auxquelles il n'avait pas répondu, se profilent maintenant devant l'humanité avec une pression omniprésente. Qu'est-ce que la vérité ? Une vérité complète peut-elle être connue, et connue avec certitude ? Telles étaient les questions par lesquelles l'âge de la raison avait commencé, et les réponses qu'on y apporte aujourd'hui ne relèvent que de la probabilité et du scepticisme. La raison avait bâti l'espoir d'une humanité gouvernée rationnellement de façon à ce que la liberté, l'égalité et la fraternité puissent se concrétiser dans la vie de l'humanité, mais cet espoir s'avéra irréalisable. En effet, la rationalité est incapable de fournir l'égalité, même à un niveau minimum, sans étrangler la liberté, et la fraternité ne trouve pas la moindre place lorsque la raison construit des systèmes mécaniques et déshumanisants. Et pourtant, nous ne pouvons pas nous accommoder des échecs de la raison et oublier nos rêves de liberté, d'unité et de fraternité. L'âme de l'humanité réclame à grands cris les moyens par lesquels les idéaux de progrès pourront se concrétiser aussi rapidement que possible.

À la lumière de tout cela, il devient plus clair que nous ne sommes pas seulement à la période charnière d'un siècle ou d'un millénaire, mais à celle d'une mutation de l'espèce humaine. L'homme est un produit de l'évolution, c'est ce que déclare la science moderne, et ayant atteint les sommets de l'expérimentation des plus hautes facultés de la raison, laquelle distingue l'espèce humaine de toutes les autres espèces, l'homme ne va-t-il pas essayer d'atteindre une nouvelle étape de l'évolution ? D'après la science moderne, le dépassement de soi est dans la nature même de l'homme ; abandonnerait-il alors sa spécificité et succomberait-il aux limites du système qui appelle à se satisfaire dans la prison de nos déficiences ? Les grands philosophes de l'évolution qui s'épanouirent au cours des deux derniers siècles déclarèrent que l'élan vital ne cessera pas de produire de nouvelles espèces humaines et surhumaines, que l'élan inhérent à l'espace et au temps prépare la naissance d'une déité ou d'un dieu en devenir, et que l'entrée en scène de forces supérieures de conscience continuera à libérer les forces correspondantes emprisonnées dans l'homme. Nous voyons aussi des scientifiques, portés par les spéculations de grands philosophes tels que Bergson, Alexander et Whitehead, libérer d'énormes masses d'énergie provenant de l'atome et s'attaquer à la cellule biologique pour en libérer les secrets de l'immortalité. Nous commençons à nous demander si, tout en nous efforçant de poser le pied sur la Lune et de voler vers Jupiter, nous ne sommes pas appelés à retourner à nous-mêmes, à quelque chose au plus profond de notre être pour trouver les réponses essentielles. Désormais, la quête de ces réponses n'est plus un passe-temps ou un luxe d'idéaliste, car asphyxiés dans les ornières étroites dans lesquelles on veut nous emprisonner, notre appel est celui d'une impérieuse nécessité.

Trois alternatives semblent s'offrir aujourd'hui à l'humanité. La première possibilité est de graviter vers le bas, vers une organisation de la vie qui maintiendrait une humanité stagnante dans le cercle étroit de la satisfaction des besoins animaux, de la vitalité, des désirs et façons de penser soutenus par de puissants moyens de communication et de transmission, et de structures ou superstructures construites et entretenues par des processus de mécanisation toujours plus poussés. Cette possibilité semble s'affirmer avec de plus en plus de force, puisque des instruments comme ceux de la télévision, des arts de la musique et du cinéma, ont un impact incalculable sur les désirs vitaux d'une portion croissante de l'humanité.

La seconde possibilité est que l'humanité parvienne à une meilleure, mais non idéale, organisation de vie. Elle serait soutenue et entourée de plus en plus par les forces de la raison, adaptées d'une manière ou d'une autre aux exigences de l'éthique et de la religion, et elle se satisferait de divers compromis – facilement susceptibles d'être entravés par la forte attraction vers le bas des forces de la déraison. C'est la possibilité que des leaders éclairés, mais non illuminés, de l'humanité s'efforcent de concrétiser, espérant que cette possibilité ne sera pas seulement mise en place, mais qu'elle se maintiendra sur une longue période.

La troisième possibilité est contenue dans la prise de conscience croissante qu'aucune de ces deux possibilités n'est digne du destin supérieur de l'humanité ou qu'aucune d'entre elles ne pourra ou ne devra finalement réussir. Elle envisage la naissance d'une nouvelle aspiration et d'un nouvel éveil. Elle perçoit qu'une grande révolution psychologique va éclater qui poussera l'humanité au-delà de ses limites et lui ouvrira les portes d'un avenir spirituel et supramental. Cette possibilité n'est pas encore largement comprise et partagée, mais la vitesse à laquelle l'humanité se précipite vers l'avant ou vers le bas créera la nécessité puissante de se libérer des murailles qui nous emprisonnent, et où l'oxygène viendra soudainement à manquer. C'est lorsque cette situation commencera à se faire sentir qu'avec une pression croissante, l'humanité se tournera vers une nouvelle quête.

À partir de ce bref examen de l'ensemble de la situation, nous pouvons formuler les questions suivantes :

Lorsque les meilleures possibilités se heurtent aux pires possibilités, quels sont les moyens d'assurer le triomphe des meilleures possibilités ?

S'il est dans la nature de l'être humain de dépasser continuellement les limites de sa nature, existe-t-il des preuves que les limites auxquelles nous sommes confrontés, même aux frontières de nos réussites les plus hautes, peuvent être dépassées ? En d'autres termes, avons-nous une connaissance assurée de ces facultés et de ces forces qui, une fois développées, nous donneraient une base pour l'évolution future de l'être humain ouvrant la voie à un ordre mondial meilleur ?

Disposons-nous d'un corpus de connaissances suffisant à l'aide duquel nous pourrions construire une voie nous conduisant de l'état critique actuel du monde vers un progrès meilleur et plus aisé assurant la perfectibilité nécessaire de la vie individuelle et collective ?

Nous verrons que ces questions sont liées et qu'elles demandent un effort vaste et difficile de recherches. Heureusement, il existe une aide suprême que nous pouvons recevoir dans cette tâche, et elle se trouve dans les écrits de Sri Aurobindo. Celui-ci nous a laissé un corpus synthétique de connaissances qui comprend la meilleure formulation possible de la totalité de la quête de l'humanité depuis les temps les plus anciens jusqu'à nos jours. Grâce à sa grande maîtrise de quelques-unes des principales langues indiennes et internationales, ainsi que du vaste éventail des disciplines pertinentes de la connaissance, il a présenté de manière exhaustive le résultat de ses études sur les cultures indienne et occidentale, sur le développement social et politique de l'humanité, sur l'exégèse savante des Védas, des Upanishads et de la Gîtâ, ainsi que sur la littérature religieuse, scientifique et séculière qui a trait aux problèmes de l'évolution humaine et de son avenir. Il nous a donné des indices fondamentaux afin d'obtenir les réponses dont nous avons absolument besoin de toute urgence, indices que l'on trouve dans l'antique sagesse indienne, dans les traditions religieuses théistes et dans le sens retrouvé du bouddhisme, ainsi que dans les révélations de la connaissance moderne. En fait, ses écrits ouvrent des pistes sur lesquelles nous pouvons continuer fructueusement notre enquête.

Évoquant l'antique sagesse indienne, Sri Aurobindo dit que la reconquête des connaissances contenues dans les Védas, les Upanishads et la Bhagavad-Gîtâ est d'une importance capitale et que cette reconquête doit viser une plénitude et une amplitude maximales. Il a également souligné que cette recherche devrait s'accompagner du développement de nouvelles connaissances philosophiques, scientifiques et critiques ; ainsi l'ancien savoir serait pleinement canalisé et utilisé pour construire de nouvelles connaissances ; ces connaissances serviraient à briser les limites des moules évolutifs actuels, qui emprisonnent l'humanité dans la stagnation ou la gravitation descendante, ou encore dans des efforts horizontaux, mais vains, d'amélioration.

Il a suggéré qu'un effort suprême serait nécessaire, particulièrement en Inde, afin d'établir une société spiritualisée qui synthétiserait le meilleur de l'Occident et de l'Orient et qui s'attaquerait de façon originale aux problèmes contemporains.

Dans un passage mémorable, Sri Aurobindo déclare :

« La connaissance de l'idéal, son application consciente, l'Inde en détient la clef ; ce qui, dans la pratique, lui était naguère encore obscur, elle peut aujourd'hui l'éclairer d'une lumière nouvelle ; ce qui, dans ses anciennes méthodes, était faux ou faussé, elle peut le rectifier ; les clôtures qu'elle érigea pour protéger la croissance extérieure de son idéal spirituel, et qui devinrent par la suite des barrières et restreignirent l'expansion et la pratique spirituelles, elle peut maintenant les abattre et donner à son esprit un champ plus libre, un plus ample essor : elle peut, si elle le veut, donner une orientation nouvelle, décisive, aux problèmes sur lesquels peine et bute toute l'humanité, car la clé de leur solution est là, dans son ancienne connaissance. »[1]

Comme le dit Sri Aurobindo, le Véda est un livre de connaissance, et non pas une collection d'aspirations et de prières primitives de barbares superstitieux comme essaient de l'expliquer nombre d'observateurs modernes. Il contient la « vérité d'une science que le monde moderne ne connaît pas du tout ». Sri Aurobindo découvrit également dans les hymnes védiques la connaissance du supramental, à laquelle il était parvenu de lui-même au cours de ses propres recherches et réalisations yoguiques. Dans son grand livre, *Le Secret du Véda*, Sri Aurobindo décrit en détail la victoire que les Rishis avaient remportée en brisant les limites de la conscience humaine afin de créer une base solide pour le dépassement de ces limites, tâche que l'humanité doit aujourd'hui entreprendre afin de résoudre ses problèmes majeurs. Vers la fin du Rig-Véda, la future mission de l'humanité est décrite, en des mots brefs, mais puissants, « *manurbhava janaya daivyam janam* » : (d'abord sois l'être mental dans sa perfection, et ensuite crée l'être divin). Cette mission a derrière elle un vaste ensemble d'expériences, accompagnées de facultés d'inspiration, de révélation, d'intuition et de discernement supramental qui commencent à opérer lorsque la raison est dépassée et que les facultés de connaissance véritable et de connaissance globale commencent à fonctionner. À travers le sym-

---

1. Sri Aurobindo : *Les Fondements de la culture indienne*, Sri Aurobindo Ashram, p. 48.

bolisme de *Sarasvati*, *Ila*, *Sarama* et *Daksha*, Sri Aurobindo montra comment les Rishis védiques avaient maîtrisé le fonctionnement des facultés supra-rationnelles de sorte que lorsque nous les lisons maintenant, à une époque où nous devons transcender les limites de la raison, nous pouvons avancer sur la bonne voie avec un ensemble de connaissances sûres, et nous ne risquons pas de tomber dans ces prétentions irrationnelles et exagérées qui souvent embrouillent et trompent ceux qui, sans la maturité nécessaire et sans perfectionner les pouvoirs de la raison, essaient d'emprunter les voies non explorées qui se trouvent au-delà des frontières de la raison.

Selon le Véda, il existe une faculté qu'on peut choisir comme la meilleure aide possible afin de faciliter notre entrée dans les royaumes supérieurs de la connaissance véritable et complète. Cette faculté, le mental, est décrite dans les différents aspects de son fonctionnement, *dhi, medha, mati, smriti, buddhi, manas, chitta, hrit, prajna*. Comme l'indique Sri Aurobindo :

« Chez l'homme tel qu'il est actuellement, le mental intelligent est la faculté psychologique la plus importante, et c'est dans le but de développer cette faculté jusqu'à sa plus grande pureté et capacité que sont écrits les hymnes des Védas. »[1]

De ce point de vue, on peut dire que les Védas sont une science du mental et du supramental, qui présente des stratégies efficaces grâce auxquelles l'homme peut être soigneusement formé, perfectionné et amené jusqu'aux opérations du supramental.

La totalité de la discipline védique est un effort élaboré et méthodique dans lequel plusieurs pouvoirs humains peuvent se combiner, se purifier et se développer. Ils sont représentés de manière systématique par les symboles spécifiques et visibles d'*Agni, Indra, Usha, Pushan, Surya, Savitri, Varuna, Mitra, Aryaman, Bhaga, Soma, Brihaspati*, et de beaucoup d'autres. Dans les hymnes concernant les *Ribhus*, on a un résumé de tout le processus de perfection, qui peut être répété chez les êtres humains. L'humanité a la chance de disposer de ce grand trésor précisément au moment où les connaissances qu'il contient lui sont nécessaires.

D'après les Védas, les Upanishads et la Gîtâ, il existe trois pouvoirs importants, qui, une fois combinés, peuvent permettre à l'humani-

---

1. Sri Aurobindo : *Hymnes au feu mystique*, Édition du centenaire, Vol. 11, p. 443.

té de faire triompher les possibilités favorables dans sa lutte contre les possibilités défavorables. Le premier pouvoir est celui que l'on pourrait appeler l'idée-reine, ou la pensée aux sept têtes, ou encore le pouvoir du penseur aux sept rayons, *saptaguh*. S'agit-il d'une simple légende lorsqu'on nous dit que l'on peut s'élever jusqu'au plan supérieur du *swar* et jusqu'au plan supérieur de la vérité, symbolisé par le soleil ? Un hymne connu du Rig-Véda évoque le passage des ténèbres à la lumière suprême en disant : « *ud vayam tamasas pari swar pashyanta uttaram ; devam devatra suryam aganma jyotir uttamam.* » (Dans notre ascension, nous avons traversé les ténèbres et perçu la lumière supérieure du royaume de la connaissance intermédiaire ; puis les aspirants aux pouvoirs cosmiques se sont élevés encore plus haut et sont arrivés à la demeure de la lumière du soleil, qui est la lumière de la connaissance suprême.) Encore une fois, est-ce une simple légende lorsque la Chhandogya Upanishad fait référence à ce verset, et qu'elle dit que Krishna, fils de Devaki, atteignit la connaissance suprême dès que son maître, Ghora, lui dit cette seule parole, contenue dans ce verset ? En une phrase, les Védas déclarent que la simple traversée des ténèbres ne suffit pas, que la simple atteinte de la lumière intermédiaire ne suffit pas, mais qu'il faut s'élever jusqu'à la source de la connaissance suprême, dont les rayons sont multiples et constituent une vaste et complexe multiplicité.

Lorsque le grand Rishi Vishwamitra parle de la nécessité d'unir notre intellect à cette lumière du soleil à un degré tel que l'intellect puisse non seulement contempler la connaissance suprême mais aussi être dirigé par elle, ce n'est qu'une brève description de l'effort méthodique nécessaire pour la discipline de l'intellect avant qu'il puisse agir à la lumière de la vraie connaissance et de la connaissance intégrale. Les idées-reines sont nées à partir de cette connaissance intégrale.

Le deuxième pouvoir, qui est célébré dans les Védas, est celui de l'action souveraine, dictée par la plus haute connaissance et exécutée par la plus haute volonté. Une action souveraine est l'expression du feu inextinguible de l'aspiration, *Agni*, et tel qu'il est décrit dans le tout premier hymne du Rig-Véda, ce feu d'aspiration est *kavi kratu*, la volonté du voyant, dont la substance est *satyascitrasravastamah*, l'ensemble des plus hautes inspirations qui expriment les multiples aspects de la vérité. L'action inspirée par le feu de l'aspiration doit encore passer par la conscience mentale, et cette conscience, même lorsqu'elle n'est pas confinée à la surface et qu'elle s'est s'élargie, doit être disciplinée par le pouvoir de la volonté, et cette volonté disciplinée ne peut devenir porteuse de vérité que lorsqu'elle devient Bonne volonté. Nous trouvons donc dans le Yajurveda, qui peut être considéré comme la science de la connaissance de l'action et de sa juste méthodologie, l'hymne célèbre dans lequel la conscience mentale est décrite en détail, et dans lequel il est proposé d'unir chacun de ses pouvoirs à la Bonne volonté, *shivasankalpa*.

À un niveau supérieur, l'action souveraine se manifeste uniquement lorsqu'elle commence à brûler avec le don de soi, nommé *yajna* en langage védique.

Dans la Bhagavad-Gîtâ, nous trouvons un énoncé des plus explicites à propos de la connaissance sûre qui régit la perfection des actions, c'est-à-dire du *yajna*. Cette connaissance sauva Arjuna, le protagoniste de l'action, quand, face à une crise dans laquelle les dilemmes de l'action, de l'inaction et de l'action mauvaise le confrontaient et le paralysaient, il en arriva à penser fuir complètement l'action. L'humanité moderne est aujourd'hui confrontée à une crise similaire, et chacun de nous fait face à des dilemmes similaires concernant l'action, ce qui rend cette connaissance antique, exprimée avec une maîtrise incomparable, directement pertinente. Car chacun d'entre nous est appelé à reconnaître ce qui est favorable et ce qui est défavorable à l'avenir de l'humanité. De plus, nous devons faire un choix difficile qui ne peut être fait que grâce à la certitude de la justesse de l'action nécessaire. En définitive, l'action souveraine nécessaire doit être fondée sur l'héroïsme du feu de la volonté, guidée par la certitude de la connaissance et renforcée par la Bonne volonté qui nous débarrassera de toute notre suffisance, de notre égoïsme et de notre égocentrisme.

Le troisième pouvoir est lié à la connaissance de notre être intérieur, à son origine réelle et à son lien avec le support dans lequel notre être profond est enraciné. Dans son état supérieur, il se manifeste comme don de soi, adoration et prière. Et là encore, les Védas, les Upanishads et la Gîtâ nous livrent un message d'une grande profondeur : « *Connais-toi toi-même* ». Cette injonction était perçue comme une nécessité fondamentale si nous voulions entrer correctement en relation avec le monde et avec tout ce qui peut exister au-delà de nous-mêmes et du monde.

Un message important de la sagesse antique concernant la connaissance de soi est celui concernant la servitude, la libération et l'immortalité. Il s'agit d'une connaissance si secrète et si précieuse que pour être apte à seulement parvenir aux portes de cette connaissance, comme l'indique clairement la Kathopanishad, il faut non seulement une sincérité absolue mais une ardeur telle que le chercheur doit être prêt à surmonter les tentations les plus fortes, le plaisir, la richesse, la renommée – tout ce qui, ordinairement, est considéré par les êtres humains comme désirable, plaisant, *preyas*. Et pourtant dans les Védas, les Upanishads, la Gîtâ et d'autres documents de la sagesse indienne on trouve des récits non dogmatiques d'explorations et un ensemble systématique de connaissances sur ce sujet que l'on peut répéter et vérifier. La connaissance complexe du concept de *Purusha* dans ses différents aspects au niveau du corps, de la vie, du mental et au-delà, à la fois dynamiques et statiques, et dans sa relation avec les concepts encore plus difficiles de *jiva*, *atman* ou Brahman, est considérée comme utile si l'individu veut se libérer et se préparer à la perfection. C'est en se fondant sur cette connaissance que, selon l'ancienne sagesse indienne, l'harmonie entre l'individu et la collectivité peut se créer et se perfectionner. Les exemples de grands Rishis et de grandes figures comme Rama et Krishna, Mahavira et Bouddha, et un certain nombre de Siddhas nous font mesurer les profondeurs de connaissance requises si nous voulons, non seulement répéter ce qui a été réalisé dans le passé, mais aussi recréer, avec de nouvelles connaissances, la relation parfaite entre l'individu et la collectivité. Une perfection dans laquelle les idéaux de liberté, d'égalité et de fraternité se concilient avec les perfections du pouvoir de la sagesse, de l'héroïsme, de l'harmonie et de l'habileté dans les œuvres, auxquelles fait référence le célèbre *Purusha Sukta* du Rig-Véda. Lorsque le Rig-Véda conclut par l'appel à s'unir et à communier ensemble dans l'harmonie, *samgacchadhvam samvadadhvam*, la vision qui nous est proposée est celle de la perfectibilité de la vie collective.

En résumé, on peut dire que le patrimoine antique de connaissances que possède l'Inde, et que les Indiens eux-mêmes ont en grande partie perdu ou oublié, doit être exploré avec un regard neuf et une rigueur scientifique, ainsi qu'avec un pouvoir d'expérimentation sans faille, afin de pouvoir relever efficacement les défis auxquels l'humanité est confrontée aujourd'hui. Il est évident qu'un effort considérable est nécessaire et que nous devons nous réveiller et fuir les discours faciles et soporifiques qui nous donnent la fausse assurance que l'humanité se débrouillera d'une manière ou d'une autre pour surmonter ses difficultés et parvenir à un mode de vie normal et heureux. Compte tenu de la nature des défis et des questions soulevées par ces défis, nous devons nous rendre compte que notre crise est sans précédent et que même les gens ordinaires comme nous doivent déployer les plus grands efforts pour surmonter les difficultés actuelles et les diverses menaces qui sont directement liées aux questions de notre survie et de notre épanouissement.

Il faut cependant se hâter d'ajouter que si l'importance de la sagesse ancienne de l'Inde doit être soulignée, nous ne devons pas être aveugles quant à la nécessité d'explorer d'autres systèmes de sagesse et même de nouvelles connaissances. La sagesse indienne nous a toujours conseillé de nous élever de plus en plus haut et d'être toujours plus lumineux, sans être entravés par le passé ou par des dogmes ou croyances préconçues. En Inde, nous parlons de l'esprit aryen, et l'esprit aryen n'est pas quelque chose d'étroit, de communautaire ou de racial, c'est l'esprit de l'homme libre qui veut travailler et œuvrer avec sagesse et avec le motif suprême de *loka sangrah* : créer et préserver la solidarité et l'unité du peuple.

La science du yoga et le yoga védique

I

Il existe une large perspective dans laquelle le thème du yoga se distingue comme un sujet d'une grande pertinence contemporaine. Cette perspective est celle de la crise grave dans laquelle se trouve actuellement l'humanité. Cette crise est née, semble-t-il, de deux éléments : d'une part, il ne paraît pas improbable que nous réussissions à créer un système de vie, couvrant presque l'ensemble du globe, fournissant aux êtres humains les moyens et la matière pour satisfaire leurs désirs hédonistes, égoïstes et égocentriques, et sur une telle échelle que, pendant une période assez longue et indéfinie, l'humanité pourrait rester enchaînée à des cercles de vie inférieure marqués par la faim et la satisfaction, la lutte et le succès, et le risque de désastres plus ou moins grands. D'un autre côté, l'aspiration humaine à construire la vie individuelle et collective sur la base de la mutualité et de l'harmonie, de la paix et de la concorde, et de la perfectibilité toujours croissante de nos plus hautes potentialités, doit continuer à lutter sans aucune promesse solide qu'elle s'accomplira finalement. En d'autres termes, il y a un effort ascendant qui cherche à briser le cercle vicieux de notre vitalisme actuel et de notre barbarie économique, mais cet effort est en partie découragé par les scientifiques exigeant des preuves physiques du supra-physique. Il est également freiné par les religieux refusant de voir au-delà du dogme et de la parole révélée du passé ; il s'est donc avéré incapable de remplir sa tâche.

Le cercle vicieux ne peut être brisé que si notre effort ascendant reçoit un soutien sans équivoque de la science et si les bases morales et spirituelles sont renforcées et rendues inébranlables.

Voilà le réel problème.

On affirme que la véritable connaissance appartient à la science et ne peut s'acquérir qu'à travers des méthodes scientifiques. La morale, dit-on, est une question de réponses émotionnelles qui sont elles-mêmes relatives et ne comportent aucune garantie de connaissance dans leur contenu ou dans leurs fondements. En ce qui concerne la spiritualité, on soutient que ses revendications en matière d'intuitions, de révélations et d'autres opérations connexes de la connaissance sont au mieux des éclairs occasionnels, un peu comme des conjectures qui peuvent parfois atteindre la vérité, mais qui échappent à tout examen systématique qui serait réalisé au moyen de critères s'appliquant de façon fiable dans toute recherche impartiale sur la validité d'une connaissance. Par conséquent, on peut conclure que la spiritualité est un domaine de lumière et d'ombres, où il est difficile de distinguer réellement l'un de l'autre.

Certes, il est vrai que la morale est un domaine relatif et même si ses revendications à propos des connaissances du bien et du juste possèdent une base solide, on ne peut trouver cette base-là que dans un domaine supérieur, à savoir celui de la spiritualité. Mais si la spiritualité elle-même est un champ d'incertitudes entouré de lumière et d'obscurité incertaine, nous sommes renvoyés dans le cercle vicieux du vitalisme qui ne peut être brisé.

Mais la spiritualité est-elle réellement un domaine d'incertitudes, d'illuminations occasionnelles et d'intuitions et révélations auxquelles on ne peut se fier? C'est là que les affirmations du yoga doivent être prises en compte. En effet, le yoga prétend être, entre autres choses, une quête méthodique de connaissances spirituelles et, en fin de compte, de la connaissance intégrale ; cette recherche a réussi à atteindre certains états stables de conscience et d'illumination complète, et à connaître des vérités qui peuvent être vérifiées, à la fois objectivement et dans l'expérience personnelle, au moyen de critères considérés comme aussi solides que dans toute enquête relative à la validité d'une connaissance. En d'autres termes, le yoga prétend être une discipline scientifique par laquelle on peut obtenir la connaissance authentique de tout objet, en particulier universel ou transcendantal, sur lequel ses méthodes seraient appliquées de manière systématique et répétée.

On peut rapidement comprendre que si ces affirmations du yoga sont valides, nous sommes en mesure d'obtenir, grâce à ces méthodes, la connaissance qui peut éventuellement briser le cercle vicieux de la crise actuelle et nous offrir de nouvelles possibilités pour une meilleure humanité et un monde meilleur.

La question qui se pose donc, c'est celle de savoir si ces affirmations du yoga sont vraiment valides et si elles peuvent être durables. Certains prétendent que le yoga a découvert et perfectionné certaines méthodes spécifiques grâce auxquelles la conscience humaine peut être révolutionnée de telle sorte que les fonctions ordinaires du corps, du cœur et du mental humains peuvent être unies à des facultés supérieures de connaissance et d'action, et que l'être humain peut finalement s'unir de façon permanente aux états universels et transcendantaux de conscience et de connaissance. On dit également que la science du yoga est en possession de données sûres concernant ses méthodes, les processus d'application ainsi que les résultats correspondants. On a même affirmé que l'efficacité de ces méthodes et leurs résultats pouvaient être vérifiés par toute personne disposée à suivre la préparation et la formation nécessaire, et que les résultats obtenus par d'autres pouvaient être confirmés par son expérience personnelle et être utilisés pour produire des résultats pertinents. Enfin, on ajoute qu'il existe une longue histoire du développement de cette science du yoga ; et comme pour l'histoire de toute science, on peut retracer un récit crédible des anciennes méthodes et connaissances, de la façon dont elles se sont progressivement développées par des méthodes de confirmation, par des modifications, par de nouveaux développements résultant de nouvelles expériences, et par de nouvelles acquisitions de connaissances. On peut donc en conclure que le yoga fournit une base solide pour un vaste champ de connaissances que l'humanité actuelle peut étudier et réapprendre, et que, sans avoir à tomber dans le piège du dogmatisme, de la croyance aveugle, de la superstition ou même de la demi-connaissance et du demi-aveuglement, nous pouvons exploiter ces ressources, susceptibles de nous fournir les conseils nécessaires à la construction d'un monde illuminé par des connaissances toujours plus avancées et inspiré par l'amour universel.

Ces affirmations et les conclusions auxquelles elles mènent sont si importantes qu'elles méritent d'être entendues et notées avec le plus grand sérieux. Elles méritent également d'être étudiées en profondeur avec toute l'objectivité requise et même avec le souci du détail, afin que toutes les portes de la connaissance que le yoga peut ouvrir devant nous soient franchies et que nous soyons en mesure de garantir qu'aucune possibilité ou voie de connaissance dont nous avons besoin pour sortir de la crise actuelle n'a été ignorée ou laissée dans le brouillard à cause de notre refus dogmatique d'enquêter et d'apprendre.

C'est dans ce contexte qu'il faut se demander s'il existe des textes authentiques dans lesquels nous pouvons trouver les réponses aux questions suivantes :

- Qu'est-ce que le yoga ?
- Quelles sont les méthodes du yoga ?
- Comment ces méthodes peuvent-elles être appliquées ?
- Quelles sont les affirmations concernant les résultats de l'application de ces méthodes ?
- Est-ce que ces affirmations peuvent être vérifiées ?
- Ont-elles été vérifiées sur une longue période ?
- Quels sont les critères de cette vérification ?
- Sont-ils fiables et aptes à garantir la validité des connaissances ?

Les réponses les plus pertinentes à ces questions peuvent évidemment être obtenues grâce à l'étude du développement de la science du yoga. C'est à cette étude que nous allons nous intéresser.

II

Tout d'abord, il faut dire que lorsque l'on se réfère au yoga de nos jours, on pense malheureusement au système physique de postures yoguiques qui fut minutieusement décrit dans le Hatha Yoga, ou à ce système orthodoxe particulier de philosophie connu sous le nom de philosophie du yoga et attribué à *Patañjali*, système également connu sous le nom de Raja Yoga. Certains croient même qu'il y aurait bien eu une ébauche rudimentaire du yoga au commencement des Védas et des Upanishads, mais que le véritable yoga est celui dont il est question dans les Yoga Sutras de *Patañjali*.

En réalité, comme le saurait n'importe quel étudiant sérieux de l'histoire du yoga, le yoga de *Patañjali* est seulement l'un des systèmes spécialisés des méthodes de yoga. En fait, chaque système de philosophie indienne était rattaché à un système correspondant de méthodes de yoga. Nous devons également tenir compte du fait que la Bhagavad-Gîtâ, qui précéda la cristallisation finale des systèmes philosophiques indiens, est elle-même considérée comme le texte authentique d'une synthèse entre *jñana yoga*, *karma yoga* et *bhakti yoga*, et comme un condensé des Upanishads. Cela nous amène donc à un commencement plus ancien de la science du yoga, et en considérant que les Upanishads elles-mêmes étaient une redécouverte, une continuation, un enrichissement et même une sorte de culmination des connaissances contenues dans le Véda, nous serions justifiés de voir le Véda comme le texte disponible le plus ancien sur lequel nous pouvons fonder l'espoir de retracer correctement l'histoire du yoga à partir d'une base fiable.

III

Néanmoins, on pourrait argumenter que les Védas décrivent des adorateurs primitifs priant des dieux représentant des forces naturelles telles que le feu, la pluie, le vent, l'aube, la nuit, la terre et le ciel, pour obtenir des richesses, de la nourriture, des bœufs, des chevaux, de l'or et d'autres types de richesses et de victoires. Et si c'est le cas, il est légitime alors de se demander comment les Védas peuvent être vus comme le livre de la science du yoga. Mais cet argument repose sur une interprétation qui n'est ni concluante ni en accord avec la tradition indienne, laquelle considère le Véda littéralement comme *Véda*, c'est-à-dire connaissance. Non seulement les Rishis védiques déclaraient eux-mêmes que leurs hymnes contenaient une connaissance secrète, non seulement les Upanishads se référaient aux affirmations védiques comme à une autorité pour leurs propres découvertes de la connaissance, mais ultérieurement, nous avons l'opinion de *Sankaracarya* qui considère que les Védas sont une mine de connaissance – la connaissance de tous les plans de conscience – et qu'ils formulent les conditions et les relations du divin avec l'élément humain et animal dans l'être. De plus, nous avons deux interprétations majeures des Védas plus récentes qui nous amènent dans les profondeurs de la connaissance védique. Ce sont les interprétations de Maharshi Dayananda Saraswati et de Sri Aurobindo. Ce dernier, en particulier, a une méthode d'interprétation brillamment illustrée dans ses livres *Le Secret du Véda* et *Hymnes au feu mystique*. Sa méthode nous offre une assurance concluante et nous dévoile un grand corpus de yoga contenu dans les hymnes du Rig-Véda, même si la langue de ces hymnes nous déstabilise parfois par son obscurité antique. Comme l'indique Sri Aurobindo :

« Le style profond et mystique de Dirghatamas Aucathya comme la clarté mélodieuse de Medhatithi Kanva, les hymnes puissants et énergiques de Vishvamitra comme les douces harmonies de Vasishtha reposent solidement sur un fondement de connaissance identique et adhèrent tous scrupuleusement aux conventions sacrées des Initiés. »[1]

Cependant, on peut toujours arguer que les Védas sont centrés sur l'institution du « sacrifice », le *yajña*, et qu'ils sont plus *karma-kanda* que *jnana-kanda*. Dans le prolongement de cet argument, on peut soutenir que les Védas sont des livres de matérialisme rituel et que nous ne devons pas y chercher de connaissances profondes ou de sciences telles que celle du yoga. Admettons que les Védas sont centrés sur l'institution du « sacrifice », mais ce qu'il faut se demander, c'est si le « sacrifice » est une simple histoire de ritualisme extérieur. Il ne fait aucun doute que les hymnes védiques possèdent un aspect extérieur et qu'ils étaient utilisés à des fins rituelles, cependant une étude approfondie du ritualisme védique suggérerait que ce ritualisme avait un caractère symbolique. De plus, le *karma-kanda* allait au-delà du simple ritualisme, et les Védas, dans l'un de leurs aspects, peuvent être considérés comme un évangile du *karma yoga*, qui se prolongea plus tard dans le *karma yoga* de la Bhagavad-Gîtâ ; en effet nous y trouvons là aussi, de manière significative, que le concept de *yajña* est non seulement accepté mais décrit comme ayant une signification psychologique plus profonde, permettant de déclarer que toute action est un *yajña*, à condition qu'elle soit faite dans un esprit de sacrifice intérieur à la réalité cosmique et transcendantale. De la même manière que dans la Gîtâ, dans les Védas aussi le *yajña* est compris comme yoga.

Encore une fois, il y a dans les Védas un certain nombre d'autres termes qui sont utilisés symboliquement, et si nous essayons de les comprendre à la lumière de l'interprétation de Sri Aurobindo, nous pouvons pénétrer au cœur des méthodes du yoga védique ainsi que dans la richesse des grands résultats qui ont été atteints par les Rishis védiques en appliquant ces méthodes.

Les méthodes exactes de yoga et les résultats obtenus par les Rishis védiques devraient faire l'objet d'une étude longue et détaillée. Mais il ne fait aucun doute que ces méthodes étaient celles de la purification de notre conscience ordinaire ; des méthodes de concentration de notre conscience sur des états d'être et de conscience supérieurs ;

---

1. Sri Aurobindo : *Le Secret du Véda*, Sri Aurobindo Ashram, p. 76

des méthodes de perfectionnement par lesquelles l'inférieur peut être transcendé dans des domaines d'être supérieurs correspondants. Ce sont encore ces mêmes méthodes que nous retrouvons répétées plus ou moins de la même manière dans les développements ultérieurs des Upanishads, de la Gîtâ et d'autres écrits. Dans les Védas, nous trouvons l'affirmation d'une hiérarchie des infinis à laquelle l'existence normale de l'homme, même dans ses élévations supérieures les plus sages, est toujours étrangère. Et cette hiérarchie des infinis est obtenue dans le yoga védique grâce à la transcendance de l'être triple inférieur et de notre monde triple inférieur, une transcendance qui a été décrite par les voyants védiques comme le dépassement ou le franchissement des deux firmaments du ciel et de la terre.

Commentant la nature fondamentale des méthodes et des résultats du yoga védique, Sri Aurobindo fait référence au mouvement védique de la montée et de la descente. Il déclare ainsi :

« Le trait d'union entre les plans spirituels et les plans inférieurs de l'être est ce que l'ancienne terminologie védântique appelait vijñâna – ce que nous pouvons décrire, en notre langage actuel, comme le plan de la Vérité ou Mental idéal, ou comme le supramental. Sur ce plan, l'Un et le Multiple se rencontrent et notre être est directement ouvert à la lumière révélatrice de la Vérité divine et à l'inspiration de la Volonté et de la Connaissance divines. Si nous pouvons déchirer le voile du mental intellectuel, émotif et sensoriel que notre existence ordinaire a tissé entre nous et le Divin, nous pouvons, à travers le mental de Vérité, reprendre toutes nos expériences mentales, vitales et physiques et en faire l'offrande au domaine spirituel – tel était le secret ou le sens mystique de l'ancien « sacrifice » védique – afin de les convertir en des valeurs de la vérité infinie de Satchidânanda ; alors nous pouvons recevoir les pouvoirs et les illuminations de l'Existence infinie sous forme de connaissance, de volonté et de félicité divines, et les imposer à notre mentalité, à notre vitalité et à notre existence physique jusqu'à ce que les parties inférieures elles-mêmes soient transformées en parfaits réceptacles de la nature supérieure. Tel était le double mouvement védique de descente et de naissance des dieux dans la créature humaine, puis d'ascension des pouvoirs humains qui luttent pour parvenir à la connaissance, à la puissance et à la félicité divines et s'élèvent jusqu'aux divinités ; l'œuvre s'achevait par la possession de l'Un et de l'existence infinie béatifique, par l'union avec

Dieu, l'Immortalité. »[1]

Si nous voulons étudier l'histoire de la science du yoga, nous devrons commencer par le sujet du yoga védique. Le domaine de l'histoire du yoga est extrêmement vaste et devra couvrir non seulement l'histoire indienne de la science du yoga, mais aussi l'étude des méthodes et des résultats yoguiques tels que nous les trouvons dans le noyau ésotérique d'un certain nombre de religions comme le christianisme, l'islam, le zoroastrisme, le judaïsme, et même dans des systèmes comme le taoïsme chinois. Notre objectif devra être d'amener vers nous les trésors qui sont disponibles dans les archives de la connaissance du yoga, de sorte que nos efforts aboutissent à une présentation systématique et fructueuse des objectifs et des méthodes de yoga, et des critères qui émergent pour tester la véracité de ses expériences et de ses réalisations.

---

1. Sri Aurobindo : *La Synthèse des yogas*, Partie 1, Sri Aurobindo Ashram, pp. 494-495

Les idéaux éducatifs védiques et leur pertinence actuelle

I. Notre quête contemporaine

La situation actuelle de l'humanité est pleine de dilemmes extrêmement compliqués à démêler. On érige un idéal de vérité, mais notre quête s'arrête sur des probabilités composées d'un mélange de vérités et d'erreurs ; on érige un idéal de liberté, mais nos expériences nous obligent à l'étouffer pour des raisons d'égalité ; on érige un idéal d'égalité, mais on est forcé de l'abandonner pour des raisons de liberté ; on érige des idéaux de paix et d'unité, mais on semble être incapables de fraternité ; on érige d'immenses monuments à la gloire de l'analyse de la nature, mais on se trouve insatisfaits bien que rassasiés ; on construit de merveilleux appareils et machines dans notre course à la conquête de l'espace et du temps, mais on se trouve comme des nains, incapables de repousser ses limites intérieures ; on est incapables de découvrir les équations d'harmonie entre nous et l'univers.

À ce moment critique de l'humanité, nous avons commencé à frapper à la porte d'expériences passées et de possibilités futures. Mais nous sommes encore limités dans notre recherche par notre cadre mental familier, et nous pourrions être surpris si l'on nous demandait soudain de chercher des solutions ou des indices utiles dans le Véda, qui représente la trace la plus ancienne encore disponible de l'expérience humaine, composée dans un langage antique, reflétant une mentalité tout à fait différente de la nôtre.

II. Le savoir védique

Cependant, si nous considérons les Védas de manière impartiale en appliquant des méthodes de recherches et d'interprétation, comme le fit Sri Aurobindo dans son livre *Le Secret du Véda*, nous pourrions trouver dans ces anciens documents un livre de sagesse profonde, qui se trouve être directement pertinent pour les problèmes centraux de notre époque, et nous pouvons espérer en tirer une lumière utile qui nous guidera. Car les Védas ne sont pas de simples livres de rituels et de cérémonies, ni les transcriptions d'une expression primitive et barbare de la peur et d'une propitiation des forces de la nature. Le Véda est en premier lieu un livre de poésie suprême, à l'intensité lyrique et à la grandeur épique, remplie de la force d'une parole rythmique qui exprime la haute substance de la pensée et de l'expérience dans un style unique. C'est en d'autres termes, une poésie *mantrique*. Ensuite, le Véda est une exploration de la vie humaine à trois niveaux d'expérience, le plus matériel, le vital et mental intermédiaire et, le plus élevé, celui des domaines spirituels et supramentaux. Pour finir, il fournit des méthodes bien définies et bien articulées d'exploration et de découvertes, ainsi que des méthodes de confirmation et de vérification. Il contient par conséquent une science dont l'objet, comme toute science, est une méthode fiable pour faire des découvertes personnelles ou pour répéter, revivre et reprendre possession de découvertes passées.

La plus importante des découvertes décrites dans le Véda est peut-être celle du *turiyam svid*, un certain quatrième monde, un monde supérieur aux trois autres, *prithvi, antariksha* et *dyau,* ceux qui correspondent à notre corps, notre vie et notre mental. Dans un hymne important, nous trouvons une référence à *Ayasya*, le compagnon des *Navagvas*, et on nous dit qu'*Ayasya* devint universel grâce à cette découverte, qu'il embrassa toutes les naissances dans tous les mondes et qu'il fit naître un quatrième monde ou monde quadruple, *turiyam svid janayad vishwa janyah.*[1] D'après le Véda, le quatrième monde est le monde lumineux du *swar*, monde de vérité pure, et si on arrive à y vivre, on peut atteindre les trois perfections, celle de la pensée et ses illuminations victorieuses, celle de l'action et de ses puissances suprêmes, et celle de la félicité et ses extases spirituelles. C'est par ces trois perfections que les Rishis védiques atteignirent la réalisation de l'immortalité.

Les Rishis védiques ont décrit en détail la voie par laquelle cette triple perfection et l'immortalité peuvent être atteintes. Dans ce passage clair et impressionnant, *Parashara* décrit la voie que les Rishis védiques avaient empruntée :

---

1. *Rig Véda* X.67.1.

दधन्नृतं धनयन्नस्य धीतिम् ।
आद् इद् अर्यो दिधीष्वो विभृत्राः ॥[1]

« Ils maintinrent la vérité, ils enrichirent sa pensée ; alors, ces âmes qui aspirent, aryah, la gardant dans leur pensée, la diffusèrent dans tout leur être. »

Ce verset met l'accent sur la faculté de penser et suggère que la pensée doit être maintenue dans la vérité, et qu'elle doit vibrer dans tous les principes de notre être.

Au cours d'un autre passage, *Parashara* évoque la voie menant à l'immortalité.

आ ये विश्वा स्वपत्यानि तस्थुः कृण्वानासो अमृतत्वाय गातुम् ।
महना महद्भिः पृथिवी वि तस्थे माता पुत्रैरदितिर्धायसे वेः ॥[2]

« Ceux qui ont pénétré tout ce qui apporte une juste récompense ont ménagé un passage vers l'Immortalité ; pour eux la terre s'étendit largement avec les Grands dans la Grandeur ; Aditi, la Mère infinie vint avec ses fils pour la soutenir. »

Il s'agit d'une affirmation extrêmement importante, elle souligne le fait que les Rishis védiques avaient atteint leur but non pas en échappant à la vie, mais en développant les pouvoirs de l'être, dont celui du physique. En effet, il est dit qu'au niveau d'être le plus élevé, l'état d'immortalité, l'être physique est visité par la grandeur des plans infinis supérieurs et par la puissance des grandes divinités qui règnent sur ces plans. Lors de cette étape, l'être physique dépasse ses limites, il s'ouvre à la lumière et, devenu vaste, s'appuie sur l'infinie conscience (la mère *Aditi*) et ses fils, les pouvoirs divins du *Déva* suprême.

On peut trouver des détails supplémentaires à propos de cette voie. On met tout d'abord l'accent sur l'aspiration. Cette aspiration est le feu de notre être intérieur. C'est l'*Agni* védique. C'est *Agni* qui nous permet de lutter tout au long du cheminement humain. Il nous permet de demander l'aide de l'intelligence lumineuse, représentée par *Indra*. Ce dernier peut vaincre les obstacles sur notre chemin. Il peut nous révéler l'existence secrète de l'être suprême, comme il l'a révélé à *Agastya* :

---

1. *Rig Véda* I.71.3.
2. *Rig Véda* I.72.9.

न नूनमस्ति नो श्वः कस्तद्वेद यदद्भूतम् ।
अन्यस्य चित्तमभि संचरेण्युताधीतं वि नश्यति ।।[1]

« Cela n'est pas aujourd'hui, Cela n'est pas demain ; qui connaît Ce qui est Suprême et Admirable ? Cela a mouvement et action dans la conscience de l'autre, mais, approché par la pensée, Cela s'évanouit. »

Cette réalité suprême et merveilleuse est désignée dans les Védas sous le nom de « Cet Un », *tad ekam* ou *ekam sad*. Cette réalité, comme il est dit dans la fameuse déclaration de Dirghatamas – *ekam sad vipra bahudha vadanti*,[2] – c'est celle qui est décrite de différentes façons par les sages. Cette suprême réalité, et sa lumière suprême, symbolisée par *Savitri*, est gardée par quatre dieux, *Varuna*, *Mitra*, *Aryaman* et *Bhaga*. Ces derniers doivent être embrassés et comblés. *Varuna* représente la grandeur et l'infinité de sagesse, *Mitra* représente l'harmonie, *Aryaman* représente l'austérité, la *tapasya*, et *Bhaga* représente le plaisir divin. Le chercheur doit alors devenir aussi profond que l'univers et atteindre l'harmonie dans toutes les relations de l'univers intérieur et extérieur. Il doit maîtriser les passions grâce à la persévérance et grâce à un effort supérieur. Il doit également se préparer à supporter les degrés les plus élevés d'extase. Tout cela demande de sacrifier ses limitations, les limitations de l'égoïsme. Le corps doit être entraîné et perfectionné, les énergies dynamiques doivent être contrôlées et guidées par les conseils d'une intelligence clarifiée, et le mental doit être offert par un acte d'union avec la Lumière suprême.

तत्सवितुर्वरेण्यं भर्गो देवस्य धीमहि । धियो यो नः प्रचोदयात् ।[3]

La Lumière suprême est symbolisée par le soleil, qui est la demeure même du Vrai, du Juste et du Vaste (*satyam, ritam, brihat*). Dans cette Lumière suprême est contenu le nectar, le *soma*. Ce nectar est apporté au chercheur par les médecins jumeaux, *Ashwins*, et l'immortalité est établie par la jouissance de la douceur du nectar de lumière.

Ce but et ce chemin sont décrits de manières diverses et répétées par des centaines de Rishis sous forme d'expériences et de réalisations authentifiées et vérifiées. C'est le cœur de l'enseignement védique. Voici ce qu'affirment les Rishis : « La vie humaine est un chemine-

---

1. *Rig Véda* I.170.1.
2. *Rig Véda* I.164.46.
3. *Rig Véda* 3.62.10.

ment ponctué de difficultés et d'obstacles et empli de vérité inférieure mélangée à l'erreur. Nous pouvons nous élever de cette existence inférieure et atteindre la vérité pure, la liberté sans limites et le pur délice. Nous pouvons atteindre cette vérité par une aspiration ardente, par le développement d'une intelligence illuminée, par l'universalité, par l'harmonisation, par la purification, et par la lumière venant de l'austérité, du contrôle sur soi et de l'abnégation. »

III. Le système éducatif védique

Les Rishis védiques n'avaient pas seulement dévoilé toutes les possibilités secrètes de la vie humaine, ils avaient également construit et perfectionné un système d'éducation par lequel les enfants et les jeunes pouvaient tous être formés et perfectionnés. Ils désiraient établir des ponts entre le passé et le futur. Dans ce but ils développèrent des objectifs, des moyens et des méthodes d'éducation. Ils devinrent eux-mêmes des maîtres et donnèrent l'exemple du maître idéal par leur conduite et par leur vie même.

Le pilier central du système éducatif védique était le *brahmacarin*, l'élève résolu à s'imposer l'idéal et la pratique du *brahmacharya*, ce qui signifie non seulement la continence, mais aussi une aspiration constante et ardente à la connaissance du Brahman. On attendait de l'élève de l'enthousiasme, *utsaha*, et un désir d'apprendre, de découvrir et de maîtriser. Les élèves comme *Satyakama Jabala*, cherchaient eux-mêmes leur maître et sollicitaient leur admission dans le *gurukula* du maître. Et les maîtres avaient pour habitude de prier pour les élèves. Ainsi, le *Rishi* dans la *Taittiriya* Upanishad prie :

आमायन्तु ब्रह्मचारिणः स्वाहा ।
विमायन्तु ब्रह्मचारिणः स्वाहा ।
प्रमायन्तु ब्रह्मचारिणः स्वाहा ।
दमायन्तु ब्रह्मचारिणः स्वाहा ।
शमायन्तु ब्रह्मचारिणः स्वाहा ।[1]

« Que les brahmacarins viennent à moi. D'ici et là que les brahmacarins viennent à moi. Que les brahmacarins fassent leur chemin jusqu'à moi. Que les brahmacarins se contrôlent. Que les brahmacarins atteignent la paix de l'âme. »

---

1. *Taittiriya Upanishad*, Shikshavalli, Chapitre I.4.

Si l'élève était important, le maître l'était également. Il représentait non seulement une sagesse supérieure, et séculière et savante, mais également une réalisation élevée. Le maître était le *Rishi*, celui qui avait *vu* la réalité. Sa tâche était d'élever l'aspiration et la connaissance latente de l'élève. Il fournissait à l'élève la parole extérieure ou *shruti*, nécessaire au commencement et pendant longtemps au cours du cheminement. Mais il était reconnu que le véritable maître était le Brahman suprême qui siégeait dans le cœur de l'élève ; aussitôt que possible, l'élève devait découvrir le maître et le guide intérieurs.

Le système d'éducation védique fonctionnait sur la base de principes psychologiques fiables et de méthodes éducatives pertinentes pour le processus d'enseignement et d'apprentissage. L'idée la plus importante était de viser à la perfection dans tous les domaines.

C'était le concept de *shreshtha* : le meilleur, la plus haute excellence. L'adage de l'éducation physique était :

शरीरमाद्यं खलु धर्मसाधनम् ।

« Un corps sain et robuste est l'instrument pour réaliser l'idéal le plus élevé. »

Les qualités visées en ce qui concerne les énergies dynamiques et vitales et les émotions étaient celles de la bienveillance, de la générosité, de la compassion, de l'altruisme, de la bonté, ainsi que celles du courage, de l'héroïsme, de la loyauté, de la continence, de la vérité, de l'honneur, de la justice, de la foi, et pour finir de l'obéissance. On insistait aussi sur le fait de développer le pouvoir de gouverner et de diriger, sur une juste modestie et pourtant une forte indépendance et une noble fierté. En ce qui concerne le mental, l'idée était d'encourager la quête de l'apprentissage et de la connaissance, l'ouverture à la poésie, à l'art et à la beauté, une intelligence aiguisée et subtile, et surtout de la sagesse. L'idéal comprenait également le développement de capacités et de compétences dans le travail. Si l'accent était mis sur la recherche de la vérité, de la beauté et de la bonté, il y avait aussi, conformément aux besoins de la nature, une pression constante pour ouvrir des facultés supérieures de connaissance et d'action spirituelles.

Swadhyaya (l'étude par soi-même) était la pierre angulaire de la discipline de l'élève et de sa méthode d'apprentissage. Le maître n'avait aucune méthode prédéfinie, il employait toutes les méthodes susceptibles d'éveiller l'intérêt, les capacités et les facultés de l'élève. Il était admis que les vérités les plus profondes, telle que *tad ekam*, étaient simples dans leur formulation, mais difficiles à pratiquer et à réaliser. La plupart du temps, le maître laissait l'élève libre de contempler une simple formule pendant plusieurs années, jusqu'à ce que l'élève, grâce au *manana*, à la contemplation, et au *nididhyasana*, la méditation constante, arrive à internaliser la signification de la formule et atteigne la réalisation, *sakshatkara*. Les maîtres communiquaient souvent en silence avec leurs élèves, ou avec de courtes remarques, ou encore avec des conversations. Ils mêlaient leur propre vie à celle des élèves. « Ensemble », c'était le mot d'ordre du maître. Il prie ainsi :

सह नाववतु ।।
सह नौ भुनक्तु ।।
सह वीर्यं करवावहै ।।
तेजस्विनावधीतमस्तु मा विद्विषावहै ।।[1]

« Ensemble puisse-t-Il nous protéger. Ensemble puisse-t-Il nous posséder. Ensemble puissions-nous créer en nous force et virilité. Puisse notre étude être emplie de lumière et de puissance. Puissions-nous ne jamais haïr. »

On attendait de l'élève qu'il développe une mémoire, une imagination et une pensée extraordinaires. La prédominance de la tradition orale exigeait de cultiver les pouvoirs de la mémoire. Le contenu très élevé des connaissances philosophiques et spirituelles exigeait de cultiver la subtilité et la complexité de la pensée. Le fait que les ashrams et les gurukulas étaient situés en pleine forêt exigeait de cultiver une communion intime avec la nature et de cultiver le pouvoir de l'harmonie intérieure, de l'imagination et du plaisir spontané.

Un autre élément important du système d'éducation védique concernait le temps. Observer, suivre et guider les rythmes de la progression, respecter les saisons de préparation et celles où les choses sont prêtes, les saisons des fleurs et celles des fruits, permettre la patience et la persévérance, encourager l'accélération croissante, apprécier les loisirs et promouvoir la rapidité d'action, tout cela était harmonieusement mélangé pour que chaque individu reçoive la juste mesure de conseils, d'encouragements et d'inspiration de la part du maître et du système.

---

1. *Taittiriya Upanishad*, Brahmanandavalli, Chapitre-II.

Les textes védiques étaient le contenu de base de l'éducation. Mais cela impliquait donc également une grande insistance sur le langage, la prononciation, la phonétique, l'étymologie et la grammaire. Les études comprenaient aussi de la médecine, des sciences et toutes sortes d'arts. Car les textes védiques contiennent une psychologie profonde, de l'astronomie, de la science et un art de vivre profonds. L'étude et la pratique de divers artisanats accompagnaient la vie quotidienne, puisque les élèves vivaient dans le foyer même du maître. Le fait de vivre avec le maître fournissait un cadre naturel pour partager non seulement les tâches et les obligations quotidiennes, mais aussi les aspirations, les épreuves de la vie, les problèmes de conduite et la réalisation d'idéaux et de valeurs supérieurs. Le système de *gurukulas* fournissait au maître des occasions naturelles pour enseigner à travers des instructions, des exemples et des influences. Le rôle de l'enseignement était moindre que celui de l'exemple vivant de la vie intérieure du maître. Mais son instruction et son exemple étaient moins importants que son influence, qui émanait non pas d'une autorité arbitraire, mais de la proximité de l'âme du maître avec celle de l'élève.

Imprégnant tout le Gurukula, était une atmosphère vibrante d'aspiration, rythmée par les paroles de ce chant :

असतो मा सद् गमय।
तमसो मा ज्योतिर्गमय।
मृत्योर्मांऽमृतं गमय। ।[1]

« Mène-moi du mensonge à la Vérité. Mène-moi des ténèbres à la Lumière. Mène-moi de la mort à l'Immortalité. »

Il s'agit là d'un très bref aperçu de quelques-unes des principales caractéristiques du système d'éducation védique, mais il est évident qu'il existe un gouffre entre ce système et celui qui existe aujourd'hui dans nos écoles, collèges et universités. Nos buts sont bien plus limités, nos méthodes ne reposent pas sur des bases psychologiques solides, et le contenu de l'enseignement cantonne les étudiants et les enseignants dans une palette étroite de faits et d'idées présentés presque entièrement de manière inintéressante. L'âme de notre pays a un besoin criant que soit repensé notre système éducatif.

---

1. *Brihadaranayaka Upanishad*, I.3.28.

IV. L'utilité du système d'éducation védique de nos jours

(A) La science est une richesse majeure de notre époque, et il est nécessaire d'accroître l'importance qui lui est accordée. Le plus grand mérite de la science est sa précision dans la connaissance dérivée de l'application des méthodes d'observation, d'expérimentation et de vérification impartiales. Elle rejette le dogme et l'autorité sans fondement. Dans le travail des scientifiques, il y a une perfection de pureté et de satisfaction, et même s'il y a une erreur ou une limitation individuelle, cela n'a pas d'importance, puisque la progression collective de la connaissance permet d'éliminer l'erreur. D'autre part, il apparaît de plus en plus clairement que le bilan de la science est mitigé, notamment parce que lorsqu'elle se met à appliquer ses découvertes et inventions à des situations de la vie courante, elle tend à devenir le jeu de forces sur lesquelles elle a peu de prise. Le consumérisme moderne, qui est en fait une barbarie économique, tient sa brutalité principalement des technologies créées par la science et offertes à la société. Il y a donc une prise de conscience croissante du fait que tout ne va pas pour le mieux dans la science, en particulier dans la technologie, et que l'on ne peut pas laisser les choses se développer sans contrôle ni remise en question. Certains ont affirmé que la science est connaissance, et que connaissance est pouvoir, pouvoir du mal comme du bien. Nous avons par conséquent besoin de lier la science avec des valeurs. Il est désormais reconnu que si les êtres humains n'augmentent pas leur sagesse autant que leur connaissance, l'augmentation de la connaissance sera une augmentation de la souffrance. Certains ont suggéré qu'il devrait y avoir une synthèse de la science et de l'humanisme et que la science devrait préconiser d'éviter la cruauté, la convoitise, la cupidité, la compétitivité, la peur, la soif de pouvoir et l'intolérance.

En même temps, il n'y a pas de réponses convaincantes aux questions plus profondes sur la façon dont la science peut être amenée à éviter ces choses indésirables. On se demande quelle est l'alchimie par laquelle la nature humaine peut être modifiée. Cette interrogation devient beaucoup plus pressante lorsque nous nous rendons compte que ni l'éthique ni la religion ne nous apportent de réponses adéquates. Cela nous amène donc à aborder le thème de la science et de la spiritualité. Mais là encore, les deux ne sont pas facilement conciliables, tant que la science continue à avoir son propre dogme dérivé du matérialisme exclusif qui suppose sans se poser de questions que les sens physiques sont les seuls moyens de connaissance. D'autre part, la spiritualité est souvent présentée par des religions contradictoires sous la forme d'affirmations et de négations exclusives ; elle est également parfois présentée comme une simple question d'expériences éthérées sporadiques ou occasionnelles. Ce n'est que lorsque la spiritualité deviendra aussi étendue et ouverte que la science et lorsqu'elle se développera en un corpus toujours plus important de connaissances authentiques et de pouvoir effectif de réalisation et d'action que nous pourrons espérer arriver à une rencontre possible entre la science et la spiritualité.

C'est justement là que le Véda peut nous être utile. En effet, c'est un corpus systématique de connaissances physiques, psycho-physiques, spirituelles et supramentales. Ce corpus est constitué de l'accumulation d'expériences et de réalisations découlant de l'application de méthodes appropriées, elles-mêmes déterminées par des résultats répétés et confirmés. Le Véda est un livre ouvert sur la science du yoga, science qui ne cesse de s'élargir et d'intégrer.

Comme dans n'importe quelle véritable science, il n'y a pas de dogme dans les Védas. Les Rishis védiques étaient des explorateurs, des chercheurs et des enquêteurs. Les vérités qu'ils ont perçues et enregistrées proviennent d'illuminations qui leur sont apparues au point de friction intense de leur questionnement avec la réalité. Une fois les vérités découvertes, elles ont été élargies par des découvertes ultérieures et, comme les Védas l'ont eux-mêmes déclaré, lorsque les *Rishis* s'élevaient de plus en plus haut, des étendues de vérité de plus en plus vastes commençaient à se révéler à leurs yeux.

C'est aussi pour cette raison que la connaissance védique a continué à s'étendre au cours des âges ultérieurs, tout en se confirmant. Les Upanishads elles-mêmes marquèrent une avancée à bien des égards par rapport aux Védas, raison pour laquelle on les appela Védanta, ou apogée des Védas. Encore une fois, la Gîta est une confirmation à la fois du Véda et des Upanishads, mais également une avancée par rapport à eux dans certains aspects. On peut dire la même chose du Tantra, et de nombreux autres développements du yoga, comme chez Sri Chaitanya, et même jusqu'à aujourd'hui, dans le puissant effort yogique de Sri Ramakrishna et Swami Vivekananda, et dans le yoga de Sri Aurobindo. Comme toute science, la science védique du yoga a continué de se développer, et c'est dans le contexte de ce développement que nous pouvons en toute confiance présenter la connaissance et le système d'éducation védiques comme une aide extrêmement utile au besoin que nous avons aujourd'hui de relier la science à la spiritualité. Dans l'harmonisation de ces deux grands mouvements, nous pouvons espérer trouver la solution au problème épineux de la transformation de la nature humaine, problème qui semble être central pour la survie et l'épanouissement de l'homme.

(B) En dehors de la science, un autre facteur important de notre époque est l'individualisme. La science moderne est elle-même une conséquence de la révolte de l'individualisme contre l'autorité. Celui-ci refuse que le collectif écrase l'individuel ; oui, il admet la subordination rationnelle et raisonnable de l'individu au bien collectif, mais il l'admet à la condition que le bien collectif comprenne le bien rationnel et raisonnable de l'individu. L'individualisme va encore plus loin. Il cherche à affirmer de plus en plus la liberté individuelle, et il vise la découverte des potentialités profondes de l'individu et son épanouissement intégral. Dans le domaine de l'éducation, l'individualisme a donné naissance aux concepts d'éducation centrée sur l'enfant, de différenciation individuelle et de perfectionnement intégral de chaque individu selon des modalités propres à son tempérament et à sa nature. Ces concepts préconisent des réformes radicales de l'éducation et insistent sur la liberté individuelle non seulement dans le choix des matières, mais aussi dans le choix des enseignants, du rythme et des axes de progression.

Notre besoin actuel est de placer l'enfant au centre de l'éducation, et par conséquent de le placer au centre de la société. Il y a une tendance dominante vers ce que l'on pourrait appeler la souveraineté de l'enfant. Et correspondant à cette souveraineté, nous avons également le concept dit de « société cognitive ». Cet idéal de société cognitive est renforcé par une explosion sans précédent des connaissances et un progrès rapide dans tous les domaines de la vie.

Dans ce contexte, la question qui se pose est de savoir si le système d'éducation védique peut répondre à nos préoccupations contemporaines concernant la souveraineté de l'enfant et la société cognitive. La question est de savoir quelle place le système d'éducation védique accordait à l'élève, et s'il y avait là une flexibilité permettant la liberté individuelle. La question porte également sur le fait de savoir si le système d'éducation possédait un concept de société comparable à celui de la société cognitive.

La réponse n'est pas difficile à trouver. En effet, l'élève était considéré comme le pilier central du système d'éducation védique, et le système de *gurukula* était conçu de telle sorte que les maîtres pouvaient mêler leur propre vie à celle des élèves. Là encore, les maîtres avaient la liberté d'adapter les programmes d'études de chaque élève en fonction de ses propres intérêts et de son rythme de progression. Les concepts de *swabhava* et de *swadharma* se développèrent sous la pression de la prise de conscience que chaque individu possède une âme au plus profond de lui, qui a sa propre voie unique d'accomplissement. En fait, le concept de l'individu dans le système védique est beaucoup plus profond que celui de la psychologie moderne. Dans la vision moderne, l'individu est conçu comme un ensemble complexe corps-vie-esprit, et l'idéal le plus élevé conçu pour l'individu est la plus grande perfection possible des capacités physiques, vitales et mentales. L'équilibre de l'être intellectuel, esthétique et éthique était l'idéal grec, et il est mis en avant de nos jours. Mais le Véda conçoit l'individu comme une entité pure, imprégnée de connaissance et de délice, capable de guider, de contrôler et d'intégrer toutes les parties de l'être. Il considère l'individu comme une fin en soi, car il trouve la pureté et le caractère sacré de la présence spirituelle au plus profond de l'individu. Tout l'objectif et la méthode d'éducation conçus dans le système védique consistent à mettre en avant cet élément spirituel et à le rendre actif pour guider la croissance du corps, de la vie et du mental, ainsi que les facultés supérieures d'intuition, d'inspiration et de discernement. L'épanouissement divin de chaque individu était le but du système de la tradition védique.

En suivant la tradition éducative védique, l'Inde moderne a fait des tentatives audacieuses pour ressusciter l'importance de l'individualité et de la personnalité humaine dans l'éducation. Maharshi Dayananda Saraswati parlait de l'idéal du *brahmacharya* comme d'un instrument indispensable à la perfection individuelle, et dans le système de *gurukulas* qu'il préconisait, il soulignait l'importance de l'individu et d'une vie de discipline, tant pour les garçons que pour les filles, afin d'atteindre le plein développement de la personnalité. Swami Vivekananda parlait d'une éducation qui « produit des hommes » et il disait que chaque âme individuelle était potentiellement divine ; c'est l'idéal qu'il a largement expérimenté dans l'effort éducatif qu'il a initié. Rabindra Nath Tagore a créé *Shanti Niketan* comme un berceau pour un développement créatif de la personnalité dans une relation harmonieuse avec la nature universelle. Dans l'éducation de base aussi, l'accent est mis sur la personnalité humaine et l'harmonie entre la main, la tête et le cœur. Sri Aurobindo considérait le concept de personnalité intégrale comme une harmonie entre quatre pouvoirs fondamentaux de l'âme : la connaissance, la force, l'harmonie et l'habileté ; et le système intégral d'éducation développé par la Mère a fourni un cadre permettant à chaque individu de développer toutes les potentialités de sa personnalité ainsi que de travailler sur sa transformation spirituelle. On doit bien comprendre ces expériences et en tirer des leçons pour concevoir un processus complet d'apprentissage et d'enseignement qui puisse encourager les capacités des hommes et des femmes dont nous avons urgemment besoin à l'heure actuelle.

Dieu, l'unité et la liberté étaient les maîtres mots du système védique, et de traduire cette trinité en une forme progressive de système social faisait également partie de l'objectif. Ce but peut très bien s'harmoniser avec le concept de société cognitive. Les Rishis védiques voyaient les différentes étapes de la vie comme des niveaux spécifiques d'apprentissage et de préparation pour le niveau suivant. Avec ce point de vue, la vie tout entière était un processus d'éducation perpétuelle. Contrairement au système rigide des castes qui règne aujourd'hui, les *Rishis* considéraient la société comme un organisme composé d'individus engagés dans des processus d'apprentissage et d'enseignement. Dans tous les cas, l'idée védique visait une émancipation et une élévation universelle de toute chose. कृण्वन्तो विश्वमुर्यम् était l'appel des *Rishis* védiques. L'action et le mouvement communs, l'harmonie et l'union perpétuelles – tel est le message social que les *Rishis* védiques mettaient en avant :

सं गच्छध्वं सं वदध्वं सं वो मनांसि जानताम् ।
देवा भागं यथा पूर्वे संजानाना उपासते । ।
समानो मन्त्रः समितिः समानी समानं मनः सह चित्तमेषाम् ।
समानं मन्त्राभि मन्त्रये वः समानेन वो हविषा जुहोमि । ।
समानी व आकूतिः समाना हृदयानि वः ।
समानमस्तु वो मनो यथा वः सुसहासति । ।[1]

---

1. *Rig Véda* X.191.2-4.

« Puissiez-vous marcher ensemble, parler ensemble d'une seule voix, avoir des pensées communes, de même que les anciens dieux parvenant à une seule connaissance prennent chacun leur part. Ils ont tous un Mantra commun, un rassemblement commun pour s'unir, un mental commun à tous, ils sont ensemble dans une seule connaissance ; je prononce pour vous un Mantra commun, je sacrifie pour vous avec une offrande commune. Que votre aspiration soit une, que vos cœurs soient unis, que vos pensées soient communes, – pour que tous vous viviez heureux dans une union totale. »

(C) Nous pouvons trouver dans le Véda davantage que cela, et davantage que ce que demande consciemment le monde actuel en matière de vie et d'éducation. Le Véda peut être considéré comme le premier livre de l'évolution, dans lequel nous trouvons les graines d'une connaissance pertinente pour la prochaine étape de l'évolution, dont nous devenons maintenant lentement conscients sous la pression de circonstances écrasantes. La question ici n'est pas de savoir si l'être humain peut être changé, mais s'il peut l'être radicalement. Elle relève de la mutation de l'espèce humaine. Comme l'indique Sri Aurobindo, nous sommes en train de traverser une crise évolutive, et face à cette crise, le savoir des Védas est d'une importance capitale. Si l'humanité actuelle doit se préparer à la prochaine étape de l'évolution et si, à cette fin, un nouveau programme éducatif doit être envisagé – et c'est nécessaire – alors les connaissances contenues dans le Véda et dans son système éducatif doivent être considérées comme pertinentes pour notre besoin actuel le plus important.

En fait, ce sujet est extrêmement vaste, et il n'est pas besoin ici de s'y attarder davantage. Il est cependant très clair que nous devons examiner le Véda et son système éducatif avec des yeux neufs et ouverts, non pas comme un simple chapitre intéressant de l'histoire, mais comme un trésor dont nous pouvons nous servir, afin de pouvoir construire de manière adéquate, non seulement pour le moment présent, mais aussi pour la postérité.

La Bhagavad-Gîtâ et la crise contemporaine

La Bhagavad-Gîtâ a la particularité, contrairement à d'autres grands livres religieux, de ne pas être une œuvre séparée. C'est un épisode dans une épopée indienne, le Mahabharata, qui raconte une grande guerre. Cet épisode se concentre sur un moment critique de l'âme d'un des personnages centraux. C'est le moment de l'action la plus cruciale de sa vie, quand il se retrouve face à une tâche terrible, violente et sanguinaire. Il est confronté à un choix critique dont il doit, soit se détourner complètement, soit le faire et l'assumer jusqu'à son inexorable exécution. La gravité de la situation oblige ce grand chef, Arjuna, à soulever certaines des questions les plus profondes qui appellent des réponses également au niveau le plus profond. La réponse que nous trouvons dans la Bhagavad-Gîtâ est donc non seulement importante à la lumière de la philosophie générale ou de la doctrine éthique, mais elle a aussi un impact sur une crise pratique et c'est une application de la plus haute connaissance à la vie humaine.

La raison pour laquelle le texte de la Bhagavad-Gîtâ apparait au lecteur d'aujourd'hui aussi neuf et toujours dans sa réelle authenticité est qu'elle est directement liée aux questions de la plus haute importance dans la vie humaine et qu'elle tente d'appliquer la réalisation la plus absolue et la plus intégrale aux réalités extérieures de la vie et de l'action de l'homme. La pertinence de la Gîtâ a été, dans un sens, constante dès son apparition ou dès qu'elle fut écrite dans le contexte du Mahabharata. Mais si l'on considère que l'humanité traverse aujourd'hui une crise difficile et sans précédent, nous sommes tenus de regarder ce grand livre avec un regard neuf et une attention particulière. On a dit parfois que tout ce dont nous avons besoin aujourd'hui se trouve dans la Gîtâ. Il s'agit, il faut le dire, d'une exagération et si nous prenions ce point de vue trop à la lettre, cela encouragerait la superstition. La plus haute vérité, pourrions-nous dire, est infinie et ne peut être circonscrite de cette manière. En abordant la Gîtâ ou toute autre œuvre similaire, nous devons être prêts à accepter que la vérité est partout et qu'elle ne peut être le monopole d'un seul livre. Il serait également dogmatique de déclarer que la vérité qu'offre ce livre est *la* connaissance suprême et que certains livres similaires sont passés à côté ou ne l'ont saisie qu'imparfaitement. Notre approche doit être impartiale et notre préoccupation doit être de chercher les vérités vivantes réelles que contient la Gîtâ ou tout autre ouvrage similaire, pour en extraire ce qui peut nous aider ou aider le monde en général. En tant qu'élèves de la vie et chercheurs de la science et de l'art de la vie, nous devons éviter les discussions académiques ou les affirmations de simples dogmes théologiques.

Une étude impartiale de la Gîtâ montrerait qu'elle contient une pensée très riche et variée, qu'elle exprime une compréhension synthétique des différents aspects de la vie éthique et spirituelle, et qu'elle nous conduit à certaines des plus hautes expériences possibles dont l'esprit humain est capable. On peut même dire qu'elle contient la plupart des clés principales concernant le secret de la réconciliation des états suprêmes de conscience avec les exigences dynamiques des batailles de la vie dans lesquelles nous nous trouvons tout le temps, et particulièrement aux moments critiques.

Le contexte dans lequel émergent les enseignements de la Gîtâ est caractéristique. Le lieu est celui de *Kurukshetra*, le champ de bataille, qui est aussi la bataille de la vie, celle que nous affrontons, visiblement ou invisiblement, à notre propre époque. Arjuna, le héros de la bataille, est le représentant humain dans cette grande lutte universelle, et il incarne l'âme humaine de l'action, confrontée à cette action dans sa crise la plus haute et la plus violente. Et la crise elle-même est pleine du problème de la vie humaine quand toutes les normes d'action s'effondrent et qu'une nouvelle base pour l'action doit être trouvée à tout prix. Comme nous le savons tous, la crise que traverse Arjuna peut se présenter à n'importe lequel d'entre nous, et si nous examinons la situation actuelle, nous constaterons que nous sommes nous-mêmes rattrapés par cette crise. Les dimensions de cette dernière sont peut-être encore plus profondes et plus vastes.

On dit parfois que la crise d'Arjuna s'est produite parce que, confronté à son devoir, il a subi une telle pression d'émotions et d'idées que cela l'a incité à échapper à son devoir et à finalement renoncer aux activités et aux actions de ce monde. C'est cependant une mauvaise interprétation de la crise d'Arjuna. On ne peut pas dire qu'il ne connaissait pas son devoir en tant que *kshatriya* ou en tant que guerrier, dont le but était d'assurer le règne du droit et de la justice. Mais sa crise est née du fait qu'il voyait un conflit inextricable entre les différentes conceptions du devoir, l'une contredisant l'autre, une façon de voir se heurtant à une autre façon de voir. En d'autres termes, la crise d'Arjuna est née de l'effondrement de tout l'édifice intellectuel et moral érigé par le mental humain. Il savait que son devoir était de se battre, mais lorsque le devoir apparait comme un terrible péché, que fait-on ? Il savait qu'il avait le droit de son côté, mais cela ne le satisfaisait pas et ne pouvait le satisfaire, car, comme il le soutient, la légitimité de sa demande ne justifiait pas de l'imposer par un massacre impitoyable, destructeur de l'avenir d'une nation. Il sent qu'il doit s'abstenir de ce que sa conscience exècre, même si mille devoirs devaient être mis en pièces. Et pourtant, qui sait, et comment savoir, si l'on doit suivre l'une ou l'autre des alternatives ? Y a-t-il, se demande-t-on, un compromis possible ou une solution radicale ?

Il y a plusieurs réponses possibles, et nous les trouvons toutes présentées dans la réponse que donne Sri Krishna. Une de ces réponses est celle de l'accomplissement du devoir social qu'impose le credo du guerrier aryen. Une autre réponse est celle de l'éthique spiritualisée, qui insiste sur l'*ahimsa*, le fait de ne pas blesser et de ne pas tuer. Selon cet argument, la bataille, si elle doit être menée, doit l'être sur le plan spirituel et par une sorte de non-résistance ou de refus de participation. On peut également préconiser la participation à la bataille en recourant à la non-violence et à la résistance de l'âme. (La non-violence a été considérée par Sri Krishna comme un don divin.[1]) Il se peut que la résistance de l'âme échoue sur le plan extérieur et que la force de l'injustice l'emporte. Même dans ce cas, l'argument serait alors que l'individu aura préservé sa vertu et défendu par son exemple les idéaux les plus élevés. Dans une troisième possibilité, on peut préconiser une insistance sur le côté le plus extrême de la direction spirituelle intérieure, pour dépasser cette lutte entre le devoir social et un idéal éthique jusqu'au-boutiste ; on privilégierait alors la tendance ascétique qui vise à s'éloigner de la vie et de tous ses objectifs et normes d'action, avec l'argument que ce n'est pas ici, dans ce monde de dualités, mais quelque part au niveau céleste ou supra-

---

1. *Bhagavad-Gîtâ*, Chapitre XVI.2

cosmique, que l'on peut trouver une solution réelle au problème. La Gîtâ ne rejette aucune de ces choses, mais chacune a sa place ; elle insiste sur l'accomplissement du devoir social, le respect du *dharma* pour l'homme qui doit prendre sa part dans l'action commune ; elle admet l'*ahimsa* comme une partie de l'idéal spirituel éthique le plus élevé ; elle reconnaît aussi que le renoncement ascétique est un moyen efficace, sinon une solution du problème du moins un moyen de sortir du problème. Mais la Gîtâ va audacieusement au-delà de ces positions contradictoires. Elle justifie toute vie devant l'esprit, et affirme la compatibilité d'une action humaine et d'une vie spirituelle complète vécues en communion avec les plus hauts états de connaissance et de conscience.

Énonçons clairement les arguments d'Arjuna.

Dans un premier temps, Arjuna déclare qu'il souhaite rejeter jouissance et bonheur comme but de la vie.

Deuxièmement, il déclare qu'il rejette le but de la victoire, de la domination, du pouvoir et du gouvernement des hommes – le but assigné au *kshatriya*, à l'homme de pouvoir et d'action, par le *dharma* indien.

Troisièmement, il rejette l'élément éthique, qui était la raison principale de toute la préparation à la guerre. Ses arguments à cet égard pourraient être résumés ainsi :

a. Qu'est-ce que signifie exactement la « justice » dans cette guerre sur le point de commencer ? Est-ce que cela ne signifie pas tout simplement, se demande-t-il, son intérêt, celui de ses frères et celui de son clan pour la possession, la jouissance et la domination ? Et même si l'on admettait que cette fin était justifiée, quels seraient les moyens, se demande-t-il, d'assurer cette justice ? Cela ne signifierait-il pas le sacrifice du maintien de la vie sociale et nationale qui, en la personne des membres de sa race, se trouvait devant lui et s'opposait à lui sur le champ de bataille ?

b. Dans une autre ligne de raisonnement, Arjuna trouve que, même si le bonheur et la vie sont désirables, ils ne le sont que partagés avec tous les autres, en particulier avec « les nôtres ». Mais ici, argumente Arjuna, « les nôtres » doivent être tués, et qui consentirait à les tuer même pour l'empire des trois mondes et pour régner sur terre ?

c. Troisièmement, Arjuna formule une objection encore plus fondamentale. Il déclare que le massacre est un crime odieux, dans lequel il n'y a ni droit ni justice. De plus, le péché devient encore pire lorsque ceux qui doivent être massacrés sont des objets d'amour et de vénération.
d. Développant cet argument éthique, Arjuna reconnait que les fils de *Dhritarashtra* sont coupables de fautes graves, de péchés de cupidité et de passion égoïste, mais il soutient qu'ils sont dominés par l'ignorance et qu'ils n'ont aucun sentiment de culpabilité. D'autre part, serait-il juste, questionne-t-il, de s'engager volontairement dans un acte criminel en sachant pertinemment que c'est un crime?
e. Une fois de plus, Arjuna avance une autre considération éthique. Si un péché doit être commis, et même s'il peut être justifié d'une manière ou d'une autre, comment pourrait-il se justifier si cela conduisait à la destruction de la morale familiale, de la loi sociale, de la loi de la nation? Arjuna déclare qu'alors la famille elle-même serait corrompue, la race serait souillée, les lois de la race, de la moralité et de la famille seraient détruites. Et qui serait responsable de ces crimes? Ceux, en particulier, qui entreraient en guerre en connaissance de cause et avec le sentiment de la culpabilité et du péché.

Ces arguments amènent Arjuna à choisir de ne pas se battre.

La chose la plus salutaire qu'Arjuna ait faite fut cependant de se tourner vers Sri Krishna avec une profonde humilité pour obtenir des conseils. Comme un élève, il chercha auprès de Sri Krishna quelque parole décisive par laquelle sa confusion pourrait être dissipée afin qu'il puisse agir de la bonne façon. L'aide de Sri Krishna était infaillible.

Sri Krishna perçut clairement que derrière le refus d'Arjuna se cachaient mélanges et confusion et qu'il confondait les idées et les impulsions de l'ego *sattvique, rajasique* et *tamasique*. Il comprit également qu'Arjuna était dominé par la peur du péché et de ses conséquences personnelles et que son cœur avait reculé devant les conséquences, et devant le chagrin et la souffrance individuels. Sri Krishna comprit que le raisonnement d'Arjuna était une tentative pour couvrir ses impulsions égoïstes par des plaidoyers spécieux et trompeurs sur le droit et la vertu.

Lors de sa première réponse, Sri Krishna évoqua les idées supérieures de la culture aryenne dans laquelle Arjuna avait été éduqué. Dans ce contexte, Sri Krishna dit : « Il n'y a pas de plus grand bienfait pour un *kshatriya* qu'une juste guerre, et si tu ne livres pas ce combat légitime, traître à ton devoir et à ton honneur, tu commettras le péché. »[1]

En ce qui concerne les inquiétudes d'Arjuna quant aux conséquences de l'action, Sri Krishna fit remarquer que s'il devait être tué dans la bataille, il gagnerait le ciel et que s'il était victorieux, il jouirait de la terre. « Lève-toi donc, demanda Sri Krishna, résolu à combattre ».[2]

Sri Krishna était cependant conscient que cette réponse ne satisferait pas Arjuna, car il considérait le massacre de la bataille comme une cause de chagrin et de péché. Il demanda donc à Arjuna de s'élever à un idéal supérieur et de ne pas s'abaisser à un idéal inférieur. Ce faisant, Sri Krishna distinguait la voie du renoncement conduisant à l'inaction et la voie du renoncement conduisant à la liberté intérieure même au milieu de l'accomplissement de l'action. Tout en admettant l'efficacité de la première solution, Sri Krishna expliqua pourquoi la seconde est préférable. Il dit ainsi :

« Connais-toi toi-même, et connais la source de toi-même ; aide l'homme et protège le Droit ; accomplis sans crainte, sans faiblesse et sans hésiter le combat que tu dois mener dans le monde. Ne regarde pas ton propre plaisir, ton propre gain et ton propre profit, mais regarde au-dessus et autour ; au-dessus, les sommets étincelants, et autour, ce monde de bataille et d'épreuve dans lequel le bien et le mal, le progrès et la régression sont enfermés dans un conflit sévère. Détruis, quand le monde doit avancer par la destruction, mais ne déteste pas ce que tu détruis, et ne t'afflige pas pour ceux qui périssent. Connais partout le Soi unique, sache que tous sont des âmes immortelles et que le corps n'est que poussière. Fais ton travail avec un esprit calme, fort et égal ; combats et tombe noblement ou conquiers puissamment. Car c'est l'œuvre que Dieu et ta nature (*swabhava* et *swadharma*) t'ont donné à accomplir. »

Cette réponse supérieure de Sri Krishna se divise en trois étapes :

a. Réaliser que l'on a droit à l'action, mais pas à ses résultats ; il faut

---

1. *Bhagavad-Gîtâ*, Chapitre II.31, 33.
2. *Bhagavad-Gîtâ*, Chapitre II.37

donc renoncer à désirer les fruits de l'action.

b. Réaliser, dans une vision plus large du monde que, même en ce qui concerne l'action, il y a échange mutuel, et que toute action doit faire partie du sacrifice de l'individu aux puissances cosmiques, qui, en retour, se sacrifient elles-mêmes pour la production de l'action.

c. Le sacrifice réalisé avec la connaissance est le sacrifice le plus élevé et lui seul apporte le fonctionnement parfait.

C'est à ce stade que l'on commence à réaliser que l'on doit agir, mais pas sous l'impulsion du désir et du sens de l'ego. Il faut découvrir la Volonté impersonnelle à l'œuvre derrière l'univers, une volonté qui ne découle pas du désir d'acquérir et de posséder, mais qui découle de la plénitude intérieure de l'être comme expression de l'unité intérieure.

Cette Volonté qui découle de l'unité intérieure manifeste l'unité dans le monde extérieur ; l'unité du monde est *lokasangrah*, la cohésion du peuple.

La solution que présente Sri Krishna comporte donc trois niveaux ; à chaque niveau Sri Krishna présente un secret, un secret qui n'est pas celui d'une conduite extérieure ou d'une croyance qui peut être facilement, mais vainement, pratiquée par la mentalité éthique ou religieuse, mais celui d'une transformation vivante de la conscience que l'on peut atteindre en appliquant les vérités des possibilités supérieures de la psychologie. Le premier « secret », *guhyam rahasyam*, consiste à découvrir comment le champ des circonstances dans lequel nous nous trouvons peut être appréhendé ou compris et maîtrisé. Ce secret est la connaissance de la distinction entre le champ des circonstances et le Connaisseur du champ, *kshetra* et *kshetrajna*. Derrière et au-dessus du champ des circonstances, se trouve la conscience secrète qui peut être expérimentée en tant que témoin silencieux, *purusha*, ou en tant qu'immobilité transcendantale, *Brahman*, ou encore comme le maître qui accorde la sanction, qui contrôle, qui gouverne, *anumanta* et *ishwara*. L'une de ces expériences ou toutes ces expériences ensemble peuvent fournir une base sûre pour se libérer de la multitude de problèmes que le champ des circonstances et la bataille de la vie nous présentent au moyen d'une interaction des trois *gunas* [qualités, modes d'action] de la nature : *sattwa*, *rajas* et *tamas*. Mais à ce niveau d'expérience, bien que l'on soit ici libéré de l'action et de ses problèmes, on n'a pas encore la clé de la liberté d'action, de la liberté *dans* l'action et de la liberté de défaire les nœuds des problèmes et de leurs difficultés inextricables. Pour cela, il nous faut un secret « plus profond », *guhyataram rahasyam*, le secret de l'origine de la nature dans une nature supérieure, l'origine de l'*apara prakriti* dans le *parā prakriti*, où se trouve également l'origine des multiples individualités qui sont les centres du Soi suprême, *Purushottama*, qui concilie et synthétise à la fois le statut de *Purusha*, de *Brahman* et d'*Ishwara*. Et la connaissance de cette nature supérieure non seulement nous libère de la confusion de la nature, mais nous donne aussi la capacité d'harmoniser ses différents aspects, ce qui permet même la transmission d'une action dynamique et créative qui peut résoudre les nœuds et les problèmes de toutes nos activités de la vie. C'est la connaissance par laquelle les pouvoirs cognitifs, affectifs et conatifs de notre psychologie peuvent être perfectionnés et la synthèse entre *karma yoga*, *jnana yoga* et *bhakti yoga* peut être effectuée. Mais ce secret « plus profond » culmine dans « le secret le plus profond », *guhyatamam rahasyam*. C'est celui de la possibilité de la transmutation de la nature inférieure par la nature supérieure, de la réalisation du *sadharmyam*, où la loi d'action humaine est remplacée par la loi d'action divine. Et la méthode secrète consiste à passer à un stade où tout ce que l'on est et tout ce que l'on a est remis inconditionnellement entre les mains du Suprême et dans son être, de sorte que tout ce qui traverse l'individualité est le souffle incorruptible du Suprême unissant la vérité, la beauté et la bonté et créant constamment des conditions propices à l'unité et à l'harmonie du peuple, *lokasangraha*.

En ce qui concerne nos rapports avec l'action dans le processus d'ascension de l'humain vers les plans les plus élevés, il y a trois grandes étapes. Dans la première étape, on insiste sur le renoncement au désir et sur une égalité parfaite, même lorsqu'on agit ; mais on doit agir dans une attitude de sacrifice, *yajña*. Dans la deuxième étape, il y a non seulement le renoncement au désir des fruits de l'action, mais aussi le renoncement à la prétention d'être l'auteur de l'action, avec la réalisation du Soi comme principe égal et immuable, et de toutes les œuvres comme étant simplement l'opération de la force universelle de la *prakriti*. Dans la dernière étape, le Soi suprême doit être considéré comme le maître de la *prakriti*, à la fois inférieure et supérieure, dont le soi individuel est une manifestation partielle, par lequel toutes les œuvres sont dirigées, dans une transcendance parfaite à travers la nature. Ici, l'être tout entier doit s'abandonner au Suprême et toute la conscience doit s'élever pour demeurer dans cette conscience divine afin que l'âme humaine puisse partager sa transcendance divine et agir dans une parfaite liberté spirituelle.

Sri Aurobindo résume l'essence de cet enseignement de la manière suivante :

« La première étape est le *karma yoga*, le sacrifice des œuvres faites sans égoïsme, et ici la Gîtâ insiste sur l'action. La seconde est le *jnana yoga*, la découverte du Soi et la connaissance de sa véritable nature et de celle du monde, ici l'insistance est sur la connaissance. Mais le sacrifice des œuvres continue et la voie des œuvres se confond, sans disparaitre, avec la voie de la connaissance. La dernière étape est celle du *bhakti yoga*, l'adoration et la recherche du Soi suprême en tant qu'être divin. Ici, l'insistance est sur la dévotion. Mais la connaissance ne lui est pas subordonnée, elle est seulement élevée, vitalisée et comblée, tandis que le sacrifice des œuvres se poursuit. La double voie devient alors la triple voie de la connaissance, des œuvres et de la dévotion. Et le fruit du sacrifice est atteint, cet unique fruit qui reste offert au chercheur : l'union avec l'être divin et l'harmonie avec la nature divine suprême. »[1]

La solution offerte par la Gîtâ peut s'appliquer à la crise contemporaine, pas totalement dans tous les détails, mais en utilisant tous les éléments qui y sont donnés. Alors que le *kshetra* de la Gîtâ était le champ local d'une bataille importante, mais tout de même locale, le monde actuel est devenu, depuis le début de la Première Guerre mondiale, le champ global d'une guerre globale, que cette dernière éclate dans une configuration physique mondiale ou qu'elle reste frémissante dans les conditions d'une guerre froide, ou encore qu'elle brûle dans l'esprit des hommes, comme c'est le cas aujourd'hui, avec d'énormes piles d'ogives nucléaires qui ont le potentiel de détruire le monde plusieurs fois. Le *kshetra* actuel est également une grande bataille pour la nature et l'environnement qui se voit menacé constamment, ce qui pourrait mettre en danger la survie de plusieurs espèces, dont l'espèce humaine. Tout comme Arjuna était le personnage prin-

---

1. Sri Aurobindo : *Œuvres complètes, Essays on the Gita*, Vol. 13, Édition du Centenaire, p. 35

cipal du *kshetra*, désireux de protéger et d'établir les principes du droit et de la justice, chacun d'entre nous est, sinon un personnage principal, du moins un soldat dans l'armée des hommes et des femmes du monde entier qui aspirent à défendre les causes de la survie, de la paix et de l'unité, et qui sont également engagés d'une manière ou d'une autre dans la bataille pour matérialiser cette aspiration.

Nous sommes en train de vivre la même situation qu'Arjuna lorsqu'il s'est senti assailli par le sentiment de crise. Nous sommes aujourd'hui à un stade du progrès humain qui se trouve intellectuellement sceptique, moralement affaibli et spirituellement ruiné. Cela a commencé à la Renaissance quand on affirma que la vérité pouvait être découverte par la raison pure et qu'elle pouvait être connue avec certitude. Après de nombreuses expérimentations, nous débattons toujours de la notion de vérité et la seule certitude que nous ayons c'est que toute connaissance n'a qu'un caractère probable. Nous avons commencé à cette époque avec l'idée que la vie humaine pouvait être vécue en harmonie avec efficacité et de manière fructueuse parce que les individus et la collectivité pouvaient être harmonisés par les principes éthiques et sociaux de liberté, d'égalité et de fraternité. Aujourd'hui, l'idée selon laquelle la moralité est une question de réactions émotionnelles et qu'il n'existe aucune justification rationnelle pour un système de valeurs morales par rapport à un autre prend de plus en plus de force. Encore une fois, après diverses expériences, nous avons constaté que lorsque la liberté est encouragée, l'égalité doit être sacrifiée ; lorsque l'égalité est encouragée, la liberté doit être étranglée ; et la fraternité n'a pas encore l'occasion de s'épanouir, sauf en termes de camaraderie soviétique ou d'association capitaliste d'intérêts. En ce qui concerne la spiritualité, l'Inde avait la connaissance, mais elle l'a perdue et a aggravé cette perte en négligeant la vie et la matière, et ce malgré le fait que pendant une longue période elle a poussé à un haut niveau l'efflorescence matérielle et culturelle. L'Occident, quant à lui, a la connaissance de la matière et de la vie, mais, malgré une puissante tradition de spiritualité, a négligé l'esprit. En conséquence, il y a aujourd'hui une pauvreté spirituelle déplorable et même une faillite. L'aboutissement de cette situation est l'incertitude, la confusion et l'incapacité à répondre aux dilemmes de la vie. Il y a un effondrement de l'édifice des normes d'action, et on ne sait pas dans quelle direction et comment on doit avancer.

Le temps est venu pour l'humanité de développer une culture globale et intégrale où l'esprit et la matière peuvent s'unir et créer une société spiritualisée susceptible de répondre enfin à l'aspiration pérenne de l'humanité exprimée en termes de terre nouvelle et de ciel nouveau, de cité de Dieu et de royaume de Dieu sur la terre. Mais précisément en ce moment, la crise se manifeste intensément dans le fait que les pouvoirs rationnels, qui peuvent être un puissant levier pour élever l'humanité au-dessus de ses buts et de ses poursuites inférieures vers les hauteurs supérieures des objets éthiques et spirituels, sont saisis par des courants de scepticisme et de compromis paralysants ; ceux-ci échafaudent des arguments contre l'effort ascendant tentant de briser les limites des modes et des structures de vie qui ont été construites. La difficulté majeure des modes et structures de vie actuels est tout ce système de standardisation, de mécanisation et de déshumanisation. Une structure a été mise en place au service des demandes et des besoins mentaux, vitaux et physiques, et elle est devenue si gigantesque qu'elle est impossible à gérer. C'est une structure d'une grande complexité destinée à établir des mécanismes politiques, sociaux, administratifs, économiques et culturels. Son objectif est de fournir des moyens collectifs pour la satisfaction intellectuelle, sensuelle, esthétique et matérielle. Ce système de civilisation est devenu trop énorme pour la capacité mentale et la compréhension limitées et pour la capacité spirituelle et morale encore plus limitée ; c'est un serviteur trop dangereux de l'ego brouillon et de ses appétits.

À l'heure où un effort vers la perfection éthique et spirituelle est à la fois possible et impératif, à cette heure précisément des moyens ont été mis à la disposition de l'humanité pour qu'elle crée et maintienne des machines qui l'empêchent de progresser à cause de la gravitation descendante du désir et de la satisfaction animale.

Le besoin du moment, c'est que l'humanité se détourne de tout ce qui la tire vers sa nature inférieure pour s'élever vers les pouvoirs libérateurs de sa nature supérieure, c'est la transition de l'*apara prakriti* au *parā prakriti* comme le dit la Bhagavad-Gîtâ. Cette dernière offre une solution pour réaliser cette transition, et cette solution est réellement pertinente. S'il est vrai que la Bhagavad-Gîtâ a décrit en détail la voie, elle n'a fait qu'effleurer l'accomplissement parfait et son secret. En effet, l'accomplissement est, de toute façon, une question d'expérience que ne saurait exprimer aucun enseignement. Il ne peut être décrit d'une manière compréhensible qu'une fois que nous sommes entrés dans les portails de la radieuse expérience de la transmutation. Et pourtant, le secret de la Gîtâ sur une identité dynamique, et pas seulement statique, avec la Présence intérieure, son mystère suprême d'un abandon total au guide divin, c'est le secret central. C'est en recherchant ce secret que les changements nécessaires pourront être réalisés, et c'est en poursuivant dans cette voie que pourra être résolue la crise de l'humanité.

Heureusement, nous avons besoin d'un tournant décisif dans l'humanité et même si les grands changements que nous attendons peuvent prendre beaucoup de temps avant de se réaliser, si nous sommes mus par la conviction que c'est par le mouvement ascendant que la vie humaine peut être transformée, nous aurons contribué à ce début décisif qui est d'une importance capitale. Heureusement, encore une fois, l'aspiration à nous élever semble rassembler la force d'un feu brûlant, et tant en Orient que qu'en Occident, les expériences des nouveaux domaines de manifestation spirituelle et supramentale semblent ouvrir une nouvelle voie. C'est pourquoi, même si le chemin est difficile et les obstacles redoutables, nous ne devons pas craindre d'aspirer et de travailler au triomphe de la volonté divine en assurant sur terre une vie de liberté imprégnée de l'esprit de fraternité et conçue pour l'élévation égale de tous les membres de la société humaine.

En même temps, nous devons souligner le besoin impératif d'un effort constant de recherche pour l'élargissement de l'horizon des connaissances. Le savoir est toujours un pouvoir, et c'est le constant développement des connaissances qui nous donnera des pouvoirs croissants pour dépasser nos limites, ce qui nous permettra non seulement de survivre, mais aussi d'atteindre les objectifs les plus élevés que l'humanité puisse concevoir.

Nous nous trouvons à l'aube d'une nouvelle ère qui est destinée à réaliser une nouvelle grande synthèse. Une multitude de nouveaux matériaux affluent vers nous. Nous devons assimiler les influences des grandes religions théistes de l'Inde et, de la même manière, des grandes religions théistes du monde ; il nous faut également assimiler le sens retrouvé du bouddhisme. La pertinence du jaïnisme doit également être soulignée. Nous devons prendre en compte les révélations puissantes, bien que limitées, de la connaissance et de la recherche modernes. Une nouvelle et large harmonisation de nos acquis à la fois dans les domaines intellectuels et spirituels est indispensable à l'avenir. Dans la tâche de cette harmonisation intégrale, la compréhension de la Gîtâ et de sa pertinence actuelle est peut-être l'un de nos besoins majeurs.

Rappelons-nous de la prière védique qui appelle à la découverte de nouvelles connaissances :

युगेयुगे विदथ्यं गृण्दभ्योऽग्ने रयिं यशसं धेहि नव्यसीम् ।[1]

« Pour ceux qui d'âge en âge disent le Mot qui est nouveau, le mot qui est découverte de connaissance, ô Agni, établis leur trésor glorieux. »

---

1. *Rig Véda* VI.8.5.

La philosophie védique du dharma

(un résumé des éléments essentiels)

I

अग्निर्हि देवाँ अमृतो दुवस्यत्यथा धर्माणि सनता न दूदुषत् ।[1]

Le feu mystique immortel de l'aspiration adore les êtres et puissances cosmiques de telle sorte que les principes éternels du dharma ne puissent être transgressés.

Les concepts de *dharma* et de *karma* proviennent de certaines découvertes importantes faites par les *Rishis* védiques. Nous allons évoquer les cinq découvertes principales.

1

La plus grande des découvertes fut celle du quatrième monde, qui se distingue du monde de la matière *(prithvi)*, du monde de la vie *(antariksha)* et du monde du mental *(dyau)*. Ce quatrième monde était appelé « *turiyam svid* », le monde de la vérité et de la lumière éternelle. Trois mots le décrivent : *satyam, ritam,* et *brihat,* le Vrai, le Juste, le Vaste.

La connaissance moderne reconnaît l'existence de la matière que nous pouvons percevoir grâce à nos organes sensoriels. Elle accepte également l'existence de la vie qui palpite dans l'univers par le biais du processus d'association, de croissance et de désintégration. Elle admet en outre le mental comme le pouvoir et la substance de l'idée ou de la pensée. Mais elle n'a toujours pas redécouvert le « quatrième monde » védique, monde qui est supérieur à l'idée et que l'on peut qualifier de véritable idée, puisqu'il est considéré comme capable de réaliser des concepts idéatifs.

2

En allant au-delà du quatrième monde, les explorateurs védiques découvrirent ce qu'ils appelèrent *ekam sat*, la réalité unique. Elle était décrite comme merveilleuse, car elle combinait d'une manière très spéciale l'« essence » et le « pouvoir ». Un peu comme dans le domaine

---

1. *Rig Véda* III.3.1

de la physique moderne, nous avons la nature étrange du constituant ultime de la matière qui est, dans un sens, de la nature d'une particule et, dans un autre sens, de la nature d'une onde, de même, la réalité qui fut décrite par les voyants védiques était à la fois de la nature de l'essence *(vasu)* et de l'énergie ou de la puissance *(ūrja)*.

3

Les voyants védiques découvrirent également que l'énergie se déplace à partir de l'essence ou y reste contenue en fonction de la volonté qui est inhérente à l'essence. L'essence est libre d'exercer ou non sa volonté.

Lorsque la force de la volonté est exercée, des vibrations d'énergie apparaissent. Ces vibrations ont des rythmes ; ces derniers ont des mesures, des récurrences et des uniformités définies ; et ces mesures et récurrences furent considérées comme des expressions de la loi régulière des cycles de la vie. Les voyants védiques les appelaient loi éternelle de la vie. En sanskrit, cette loi était appelée *sanatana dharma*.

Le *dharma* est la loi de la vie qui maintient ensemble les vibrations et les rythmes de la vie et du développement, dans le cadre de mesures et de récurrences définies. Le *Sanatana Dharma* quant à lui, est la loi de la vie qui maintient de manière systématique et indéfectible l'intégrité et la progression de toute vie dans l'univers.

Les voyants védiques disaient que c'est en appliquant la connaissance de ce *dharma* que l'on peut devenir une partie harmonieuse de l'unité de la vie universelle.

4

Le *Sanatana Dharma*, dans son application à la vie humaine, trace le chemin par lequel on peut atteindre le quatrième monde et la réalité originelle.

La question est de savoir comment effectuer ce voyage.

C'est en réponse à cette question que les *Rishis* védiques évoquaient *Agni*, non pas le feu rituel, mais le feu mystique qui est décrit dans le tout premier hymne du Rig-Véda comme le guide du voyage de la vie, le connaisseur de la vérité et celui qui peut faire descendre la connaissance supérieure dans le monde humain inférieur.

Ils déterminèrent également qu'*Agni* était l'aspiration vers le haut qui se trouve dans le cœur de chaque être vivant et pensant, et que c'est en allumant cette aspiration que le voyage humain peut être guidé sur la bonne voie.

Ils découvrirent également quatre conditions qui devaient être remplies pour atteindre l'objectif. Ces conditions sont la culture de :
- la grandeur universelle ;
- l'amitié universelle ;
- l'intensité puissante de l'austérité ;
- la capacité de supporter la félicité la plus élevée.

Dans la langue védique, les Rishis nommèrent ces quatre conditions d'après *Varuna*, *Mitra*, *Aryaman* et *Bhaga*.

5

Plus tard les voyants védiques développèrent trois méthodes importantes, faisant partie de la pratique du *Sanatana Dharma*.

Méthode de la concentration méditative :

Cela impliquait la découverte que l'intellect était l'élément le plus important de la psychologie humaine et que si l'intellect pouvait être concentré sur la lumière du Vrai, du Juste et du Vaste, on pouvait pénétrer dans le quatrième monde de la lumière éternelle et du *sacchidananda*. Par conséquent, la méthode la plus importante, qui devint célèbre dans le *dharma* védique, était la méthode de concentration. La formule qui fut donnée comme une aide se nomme *Gāyatrī* mantra et se présente comme suit :

ॐ भूर्भुवः स्वः तत्सवितुर्वरेण्यं भर्गो देवस्य धीमहि।
धियो यो नः प्रचोदयात्।। [1]

« Méditons sur cette lumière suprême de la Vérité, pour qu'elle guide notre intellect. »

L'une des méthodes de concentration était la méditation, et la contemplation en était une autre. Dans la méditation, une idée était développée et les étapes successives étaient marquées par les expériences correspondantes. Dans la contemplation, le mental était fixé sur un symbole qui représentait une idée, et en pénétrant à travers le symbole on faisait l'expérience de la réalité derrière l'idée.

Méthodes de performance de l'action en vue d'échanger les énergies humaines avec les énergies cosmiques :

---

1. *Rig Véda* III.62.10

Cette méthode d'échange était appelée la méthode du sacrifice, ou *yajña*, par les *Rishis* védiques. Par sacrifice, on n'entendait pas le sacrifice d'animaux, mais le sacrifice des limitations psychologiques.

Le sacrifice signifiait souvent une sorte d'abdication ou de renonciation douloureuse, et on disait qu'il était préférable de sacrifier ses attachements, même si cela pouvait s'avérer douloureux. Mais cette idée de sacrifice douloureux n'était valable qu'aux niveaux inférieurs, dans lesquels le secret de l'action juste et le secret de l'intention de la vie universelle n'était pas compris. Mais lorsque ce secret était bien compris, on se rendait compte que tout le mouvement de la vie, donc tout le rythme de la vie, tout le *dharma* de la vie, n'était que don de soi à l'univers et de l'univers à chaque individu en retour. Cette prise de conscience incitait à offrir non seulement tous ses attachements, mais aussi tout ce que l'on était et tout ce l'on avait. Et le résultat n'était pas la douleur, mais la joie, une joie grandissante.

D'après les voyants védiques, toute action réalisée dans l'esprit de sacrifice, *yajña*, est une action juste ou *karma*.

Méthode d'offrande et de consécration du corps, de la vie et du mental à la pratique des idéaux :

Cela impliquait la ferme résolution de passer sa vie à suivre le *dharma*, le *karma*, et à mettre en pratique les principes de vérité et d'harmonie dans chaque processus de pensée, de sentiment, d'action, et dans chaque vibration du corps. Cette méthode se transformait petit à petit en une méthode de dévotion intense, ou *bhakti*, pour la réalité suprême.

Nous verrons que la synthèse de la connaissance, de l'action et de la dévotion était une ancienne découverte des *Rishis* védiques, et c'est cette synthèse qui fut constamment soulignée dans tous les développements de la tradition védique.

II

अनाश्रितः कर्मफलं कार्यं कर्म करोति यः ।
स संन्यासी च योगी च न निरग्निर्न चाक्रियः ।।[1]

« Celui qui accomplit l'œuvre qui lui incombe, sans se soucier des résultats, est celui qui a vraiment renoncé (aux

---

1. *Bhagavad-Gîtâ*, 6.1.

contraintes de ce monde) et qui est pourtant maître de l'action – et non pas celui qui a renoncé au feu ou à ses propres responsabilités d'action. »

Le *dharma* est la loi de la vie.

Mais qu'est-ce que la vie ? La vie est pulsation, dynamisme et développement. D'après le Véda, le processus de pulsation et de dynamisme est universel et il possède des mesures et des récurrences spécifiques qui constituent la loi du *dharma*. C'est lorsque cette loi est observée et appliquée que la vie croît et se développe dans la bonne direction.

Le *karma*, ou l'action juste, est fondamentalement une action déterminée par le *dharma*. Les actions qui sont réalisées sans tenir compte des principes du *dharma* sont faussées.

Le mot « dharma » est souvent utilisé [en Inde] comme s'il était synonyme de religion. C'est regrettable, et cette erreur est à éviter.

En effet, il existe une grande différence entre ces deux concepts. Le *dharma* est la loi de la vie et du développement, et il est basé sur une connaissance des vérités sous-jacentes de l'univers. La religion, quant à elle, est principalement un système de croyances avec des pratiques, des rituels, des cérémonies ; elle a également tendance à devenir une institution présente dans la structure de la société. Chaque religion a son propre ensemble de doctrines et son système de culte. Mais le *dharma*, lui, n'a pas de credo ou de système de croyances ; il est basé sur la connaissance et peut être pratiqué et appliqué ; il peut être vérifié et testé. Le *dharma* est l'esprit de l'engagement à se conformer à la loi de la vie et du développement.

Le *karma* est lié à l'esprit de sacrifice et de don de soi. Chaque action liée à un renoncement intérieur du sens même de la possession et de l'attachement peut être appelée *karma*, ou action juste.

La plus grande peur de l'être humain est celle de la désintégration, cette peur le pousse à se munir d'objets et de relations au moyen desquels il tente de surmonter le processus de désintégration. C'est cette acquisition d'objets et de relations qui engendre les attachements et le sentiment de possession. Les êtres humains se soutiennent donc en s'entourant d'une trame d'objets et de relations, dont le fil le plus solide est ce sens d'attachement et de possession. Mais, quelle que soit la solidité de cette trame, elle est tissée sur la base de l'ignorance du véritable Soi. Lorsque le véritable Soi est réalisé, on découvre qu'il n'a pas à craindre la désintégration, puisqu'il est par nature permanent et indestructible. Le renoncement aux attachements et au sens de la possession est le moyen par lequel il se réalise.

III

इदं शरीरं कौंतेय क्षेत्रमित्यभिधीयते ।
एतद्यो वेत्ति तं प्राहुः क्षेत्रज्ञ इति तद्विदः ।। [1]

« Ô fils de Kunti, cette vie physique est appelée champ des circonstances et celui qui le connaît est appelé le Connaisseur du champ. »

Deux choses dont on ne peut douter :

L'idée indienne de l'application du *dharma* et du *karma* débute avec deux choses dont nous ne pouvons douter. Tout d'abord, il y a l'expérience de chaque individu en tant qu'observateur qui observe, expérimente, agit et réagit. Il y a ensuite le champ des circonstances, dans lequel l'individu se trouve et dans lequel il peut travailler, apprendre et se battre pour acquérir la maîtrise.

Les circonstances peuvent être favorables, défavorables ou indifférentes, selon la façon dont l'individu les considère. Même un jardin en fleurs peut sembler être un désert, si l'on est déprimé ; en revanche, tout peut sembler lumineux et amical, si l'on se trouve dans un état d'esprit et de cœur serein. Mais il arrive souvent que l'on se sente oppressé par les circonstances et que l'on cherche à les changer ou même à s'en échapper, si c'est possible.

Formules d'application :

Les dix formules suivantes peuvent être considérées comme une base pour appliquer le *dharma* et le *karma* en ce qui concerne la vie et les circonstances. Si l'on s'y conforme, on peut facilement atteindre des niveaux supérieurs de maturité et de dextérité dans la gestion de la vie et des circonstances.

1. Ne laissez pas les circonstances vous accabler au point de ne plus pouvoir les observer impartialement et objectivement.

---

1. *Bhagavad-Gîtâ*, 13.2.

2. Apprenez à observer votre état d'esprit et de cœur et enregistrez vos réactions face aux circonstances.
3. Lorsque vous êtes heureux des circonstances et que vous trouvez que votre vie se déroule sans problème, ne cédez pas à l'excitation.

    Rappelez-vous que le bonheur est mieux apprécié et dure plus longtemps lorsque la loi de la retenue est respectée. Cela signifie que rien ne doit être fait en excès.

    Parlez uniquement lorsque c'est indispensable, pensez calmement et sérieusement, agissez généreusement et noblement, appréciez les choses avec de plus en plus un sentiment de détachement et du renoncement au sens de la possession.
4. Même lorsque les circonstances sont défavorables, évitez le sentiment de déception et de dépression.

    Rappelez-vous cette sage maxime : *cela aussi passera*.
5. N'essayez pas d'échapper aux circonstances.

    Prenez-les comme des occasions d'apprendre et de s'élever.

    Même les difficultés sont là pour être surmontées. Au bout du tunnel se trouve la lumière. Si les pierres sont des métaphores des difficultés de la vie, rappelez-vous que même elles peuvent donner des leçons utiles si l'on décide d'affronter les difficultés comme des expériences dont on peut apprendre.

    Il est même possible d'atteindre un état dans lequel vous pouvez dialoguer avec les pierres.
6. Ne faites rien avec le plaisir pour seul but, trouvez plutôt le plaisir dans tout ce que vous faites ou tout ce que vous devez faire.

    Concentrez-vous sur la tâche que vous effectuez, et exécutez-la aussi parfaitement que possible, mais veillez à ce qu'elle soit terminée en temps voulu.
7. Rien ne procure plus de bonheur que de cultiver ses capacités et ses potentialités dans ce que l'on sait le mieux faire : écrire, peindre, converser, écouter, ou même contempler en silence.
8. Il y a toujours quelque chose *en* vous qui est responsable des circonstances dans lesquelles vous vous trouvez.

    Pour les modifier, découvrez quelles sont les vibrations en vous qui correspondent à ce que vous n'aimez pas ou désapprouvez dans votre situation.

Changez vos vibrations intérieures et vous verrez que les circonstances extérieures changeront progressivement.

Cependant, n'espérez pas de changements immédiats. Tant vos vibrations intérieures que les circonstances extérieures ont la force de l'habitude, et elles ont tendance à se reproduire.

Vous êtes sûrs de réussir.

9. Consacrez tous les jours un peu de votre temps à une réflexion sur vous-même, en particulier sur les points suivants :

Vos penchants naturels et vos aspirations les plus élevées.

Les inclinations naturelles et les aspirations les plus élevées des individus qui vous entourent.

Les caractéristiques de vos circonstances.

10. Pour tous les problèmes de la vie, il existe des solutions temporaires, qui peuvent servir de solutions provisoires; mais préparez-vous à ce que l'on peut appeler des solutions permanentes, elles seules peuvent être réellement satisfaisantes et durables.

Les solutions temporaires dépendent des dispositifs et de leurs applications qui peuvent être conçus à différents niveaux de votre pensée et de vos jugements mentaux.

Elles se présenteront inévitablement au cours de votre vie, et elles peuvent toutes être utilisées pour vous élever à un niveau plus vrai de votre être.

Mais lorsque vous vous serez réellement élevé, vous trouverez un calme croissant, un contrôle de vos passions, une harmonie et une sérénité intérieures, et une véritable humilité éliminant l'égoïsme et l'égocentrisme.

Deux éléments permettent d'atteindre des solutions permanentes :

La bonne volonté et l'intrépidité.

Le Yajurveda exprime l'aspiration à la Bonne volonté dans les termes suivants :

सुपारथिरश्वानिव यन्मनुष्यान्नेनीयतेऽभीषुभिर्वाजिन इव ।
हृत्प्रतिष्ठं यदजिरं जविष्ठं तन्मे मनः शिवसङ्कल्पमस्तु ॥[1]

---

1. *Shukla Yajurveda*, XXXIV.6

« Notre mental est semblable au bon aurige conduisant de puissants chevaux à l'aide de rênes. Le mental conduit les hommes constamment tout en restant inaltérable, très rapide et établi dans le cœur. Que ce mental soit rempli de Bonne volonté. »

À propos de l'*intrépidité*, nous pouvons lire l'hymne védique suivant :

अभयं मित्रादभयममित्रादभयं ज्ञातादभयं पुरो यः ।
अभयं नक्तमभयं दिवा नः सर्वा आशा मम मित्रं भवन्तु । ।[1]

« N'ayons peur ni de l'ami ni de l'ennemi, n'ayons peur ni de ce qui est connu ni de ce qui est à venir. N'ayons peur ni la nuit ni le jour ; que tout, dans toutes les parties du monde, me soit comme un ami. »

Lors d'une crise :

Une crise est une situation dans laquelle un problème ou un ensemble de problèmes devient oppressant, car la solution est urgente et nécessaire mais semble presque impossible. Dans la vie des individus, comme dans celle des pays ou du monde, des situations critiques surviennent et elles constituent les épisodes les plus importants de la vie. Au cours de ces épisodes, des changements radicaux se produisent, ou bien il peut y avoir l'envie désespérée de fuir plutôt que d'affronter le fardeau des responsabilités.

Il convient donc d'apporter la plus grande aide à tous ceux qui traversent une crise.

Les conseils initiaux suivants, relatifs au *dharma* et au *karma*, peuvent être utiles :

1. Il faut décourager l'envie de fuir le problème. Il faut également souligner qu'aucune crise ne peut être surmontée en la laissant perdurer dans l'espoir qu'elle disparaîtra avec le temps. Cela mène à des mesures échappatoires.
2. Certains ont tendance à devenir désinvoltes ou à s'abaisser à des moyens ignobles pour résoudre le problème. Ces deux tendances doivent être strictement éliminées.
3. La chose la plus importante à faire est de rester calme et inébran-

---

1. *Atharvaveda*, 19.15.6

lable, dans la foi que la solution juste apparaîtra si l'on aspire sincèrement à obtenir l'aide nécessaire.

Nous devons nous souvenir comment Arjuna, au moment où il traverse une crise sur le champ de bataille du Mahabharata, s'est approché de Sri Krishna et lui a demandé conseil. Son humilité l'a conduit à déclarer à Sri Krishna : « Dirigez-moi », *shādhi mām*.

En période de crise, il faut se tourner vers le conseil le plus sage qui soit disponible dans la situation donnée.

Il faut rester calme et garder son aspiration avec la foi que la solution juste sera trouvée en soi ou auprès des plus sages qui nous entourent. Il est également important de se préparer à effectuer les changements nécessaires dans ses attitudes, pensées, sentiments et activités personnelles.

Le sacrifice de l'attachement aux préférences et à l'égoïsme est nécessaire pour surmonter la crise.

IV

यत्सानोः सानुमारुहद्भूर्यस्पष्ट कर्त्वम् |[1]

« Montant d'un sommet à un autre sommet, ils voient clairement tout ce qui reste à faire. »

Alors que le monde entier est un vaste système de rythmes universels de développement, la vie humaine possède ses propres rythmes spécifiques qui sont soumis aux rythmes universels. La loi de la vie que l'on observe dans le développement de l'être humain constitue une application particulière du *Sanatana Dharma*, la loi éternelle de la vie.

Ce qui distingue l'être humain des animaux, c'est qu'il a en lui un besoin conscient de se dépasser. On dit à juste titre que le mécontentement de soi est un trait distinctif de l'être humain. À chaque stade de développement, l'être humain aspire à dépasser les limites de ce stade et à s'élever vers le stade supérieur.

---

1. *Rig Véda* I.10.2.

Quatre objectifs de l'effort humain :

Normalement, un être humain a une personnalité multiple exprimant la vie physique *(annamaya)*, la vie vitale *(prānamaya)* et la vie mentale *(manomaya)*. Savoir comment harmoniser les rythmes de ces trois aspects et les dépasser est le sujet principal du *dharma*.

La vie physique et la vie vitale doivent être développées progressivement et régulées par les principes généraux du développement mental. Ces principes sont ceux de la recherche de la vérité, de l'harmonie et de la bonté. Ils constituent le noyau central du *dharma*.

À des stades plus avancés, lorsque la vie mentale commence à prédominer, des méthodes plus rigoureuses du *dharma* doivent être appliquées. Dans ce cas, il convient d'appliquer les lois régissant les processus de franchissement des limites de l'homme ordinaire.

La *Manusmriti* présente les dix éléments du *dharma* dans le bref verset suivant :

धृतिः क्षमा दमोऽस्तेयं शौचमिन्द्रियनिग्रहः ।
धीर्विद्या सत्यमक्रोधो दशकं धर्मलक्षणम् ॥ [1]

« Persévérance, pardon, discipline, absence de convoitise, pureté, contrôle des sentiments, clairvoyance intellectuelle, connaissance, franchise, absence d'irritabilité – tels sont les dix éléments caractéristiques du *dharma*. »

À un stade encore plus avancé, l'objectif devrait être non seulement la perfection de la vie physique, de la vie vitale et de la vie mentale, mais aussi d'arriver à l'état de libération *(moksha)* et de perfection.

Trois niveaux de la vie humaine :

Sans entrer dans les détails, on peut dire que les méthodes du *dharma* sont des méthodes d'ascension humaine. Cette dernière consiste également en une traversée progressive des limites du *tamas* et du *rajas* afin d'atteindre le *sattva*.

Une vie de *tamas* est une vie de paresse, d'attachement à l'ignorance, de routine mécanique et de préoccupation du maintien de la vie physique.

Une vie de *rajas* est une vie de désir et d'ambition, de lutte et de compétition, d'agrandissement et d'acquisition croissante, de posses-

---

1. *Manusmriti*, VI.92

sion, de domination et de jouissance. C'est la vie de la passion, de l'impulsion et du dynamisme. À certains niveaux, la vie de *rajas* peut même devenir gigantesque et titanesque.

Une vie de *sattva* est marquée par la recherche de la connaissance et de la lumière, de l'équilibre et de l'harmonie, de la pureté et de la noblesse, de l'impartialité et de l'universalité. Elle s'oriente spontanément vers la maîtrise, la connaissance de soi, et tente de briser les limites de l'égoïsme afin de devenir bienveillant envers tous les êtres et les créatures du monde.

Le développement des qualités *sattviques* se voit accorder la plus haute importance dans le *dharma*.

Quatre sortes d'êtres humains :

On reconnaît également qu'il existe quatre ressorts profonds de la personnalité humaine, logés dans les recoins les plus profonds de l'âme. Il s'agit des élans vers la connaissance, le pouvoir, l'harmonie et l'habileté.

Bien que tous les êtres humains possèdent ces quatre élans, généralement l'un d'entre eux prédomine. Il existe donc quatre types d'êtres humains : ceux qui recherchent la connaissance, ceux qui recherchent le pouvoir, ceux qui recherchent l'harmonie et ceux qui recherchent l'habileté.

Le *dharma* originel considérait que les lois de développement de ces quatre catégories ne pouvaient être identiques. Chaque catégorie possède ses propres rythmes de développement qui doivent être perfectionnés et transcendés. Au niveau le plus élevé, on peut absorber les qualités des quatre catégories ; cette acquisition aboutit alors à la perfection de la personnalité intégrale.

Quatre étapes de la vie humaine :

Le *dharma* admet également quatre étapes principales de développement par lesquelles passe normalement tout être humain : l'étape de l'enfance et de l'apprentissage, celle de l'âge adulte avec une vie de responsabilités familiales, celle de l'élargissement et de l'élévation qui exige une réflexion plus profonde et une action désintéressée au-delà des limites de sa propre vie familiale, et puis enfin le stade de la véritable maturité, du renoncement, de la maîtrise de soi avec une vaste aspiration à servir l'humanité tout entière et le monde.

Le bilan de cette compréhension complexe de la vie humaine est qu'il ne faut pas imposer des rythmes de développement valables pour une certaine étape de développement, à une autre étape ; il ne faut pas non plus imposer les rythmes de développement réservés à une certaine catégorie de personnalités à une autre catégorie, et il ne faut pas imposer à un individu se trouvant à un stade de développement donné un effort qu'il ne peut pas soutenir ni accomplir.

Cependant, il existe quatre principes généraux d'application :

1. Chacun doit se conduire comme un élève engagé dans la tâche d'apprendre et de grandir ;
2. Chacun doit trouver son propre maître. La mère et le père sont les premiers maîtres, reconnait-on, après quoi on doit rechercher quelqu'un qui a atteint des niveaux supérieurs de connaissance et de réalisation, suivre ses instructions et les mettre en pratique ;
3. Il faut avancer dans la connaissance du sens secret de la vie, ainsi que de l'art et de la science de la vie ;
4. Il faut connaître notre vraie nature pour comprendre les rythmes de développement qui nous conviennent afin de vivre en fonction d'eux et d'avancer davantage vers notre véritable soi.

Les trois méthodes suivantes peuvent également être appliquées à tout le monde et à tout niveau de développement :

   a. Aspirer avec enthousiasme et ferveur à s'élever et à se développer ;
   b. Dépasser sans cesse les limites de l'égoïsme et de l'égocentrisme ;
   c. Développer des niveaux de sincérité de plus en plus élevés afin d'atteindre des sommets d'excellence et de perfection.

Le concept du dharma : réflexions sur ses applications dans le processus contemporain de reconstruction sociale

I

Il y a de nos jours une recherche, profonde mais douloureuse, pour trouver les idéaux fondamentaux d'une reconstruction sociale, or celle-ci se fait sous l'influence de trois principes de progrès, qui ont été formulés en Occident avec les concepts interdépendants de *liberté*, d'*égalité* et de *fraternité*, qui, à leur tour, ont puissamment imprégné l'humanité sous l'influence de la Révolution française. L'histoire de l'Occident moderne, ainsi que celle des pays en voie de développement, peut se voir comme un récit d'expérimentations sociales, économiques et politiques dont le but était d'appliquer ces trois principes.

Mais à plusieurs égards, ces principes semblent se heurter puissamment à certaines des idées de l'Inde ancienne qui avaient façonné sa structure sociale, économique et politique. Encore une fois, cette structure de l'Inde ancienne est passée par différentes étapes, et dans la période de déclin, elle donna lieu à de plus en plus de rigidités, d'incapacités, de distorsions et d'absurdités mécaniques. Certaines ont été combattues par un certain nombre de saints dirigeants, qui avaient mieux compris l'esprit profond de la structure sociale ancienne, ainsi que par d'autres dirigeants qui, à notre époque, ont compris, de manière adéquate ou non, le sens profond du message occidental de liberté, d'égalité et de fraternité. Mais ce combat n'a pas été couronné de succès et nous sommes toujours au cœur d'une bataille qui est non seulement déconcertante, mais aussi pleine de confusion, de préjugés et de passions aveugles. Le progrès de l'Inde est donc grandement entravé et arrêté, et si nous voulons avancer, nous devons résoudre cette bataille avec succès. Dans ce contexte, l'une des questions essentielles sur lesquelles nous devrons faire preuve d'une grande et nouvelle clarté est celle du *dharma* et de ses applications dans la vie individuelle et collective.

Le secteur économique actuel, qu'il soit compétitif ou socialiste, est le secteur du marché de l'emploi, qui est alimenté par des ressources humaines formées par des usines éducatives offrant des cours et des programmes qui ne sont directement liés ni aux besoins du marché ni à ce que demande l'être humain pour son épanouissement personnel. Un individu qui étudie un peu la littérature anglaise trouvera un emploi dans un magasin de produits pharmaceutiques, et un scientifique trouvera un emploi dans une usine de lunettes. La relation entre la formation et le travail, et la relation entre le travail et l'esprit profond de l'individu sont à peine prises en compte. Cependant, l'esprit indien, consciemment ou inconsciemment, désire établir un lien significatif entre le processus d'éducation et la préparation à un travail susceptible de vraiment exprimer la nature profonde de l'individu et les moyens les plus profonds qu'il a de se réaliser. Il semble donc qu'il y ait un grand déséquilibre entre les concepts culturels indiens de vie, de travail et d'épanouissement, et ce que la structure actuelle propose à l'individu dans le secteur du travail. Le travail, selon la culture indienne la plus profonde, n'est pas simplement lié aux processus et aux compétences d'un emploi, mais aussi à une série profonde d'idées et d'aspirations liées au *kartavyam karma*, « l'action qui doit être faite », faite non pas comme une option, mais comme une nécessité essentielle pour l'accomplissement le plus profond du *swabhava* et du *swadharma* – pour l'expression des recoins les plus profonds de l'être, et devant être exécutée selon la juste loi de son développement. En d'autres termes, l'exigence la plus profonde de la culture indienne est de créer une société dans laquelle chaque individu est formé à un travail par lequel il peut atteindre, progressivement, l'épanouissement culturel, éthique et spirituel le plus élevé.

D'autre part, dans de nombreuses idées, pratiques et coutumes actuelles en Inde on sent l'influence du système des castes, qui a ses propres vues sur le travail, les devoirs et les responsabilités. Heureusement, le système des castes est rejeté par une opinion éclairée de plus en plus importante. Cette opinion est largement influencée par le concept d'individualisme – ramification du principe moderne de la liberté – selon lequel le système des castes rattache l'individu à un groupe restreint (à la fois en ce qui concerne les relations et la fonction), alors que l'individualisme libère l'individu des loyautés étroites et des sillons fixes du hasard de la naissance, et le place dans un univers plus vaste où il peut croître librement et participer aux objectifs plus larges de la société et même de l'humanité. Toujours d'après cette opinion éclairée, tandis que le système des castes emprisonne l'individu dans un réseau de hiérarchie, d'iniquité et d'injustice sociale perpétuelle, le plaidoyer moderne pour une structure socialiste d'équité sociale est évidemment supérieur, puisqu'elle offre à l'individu des chances égales et une dignité égale à celle de tous les autres en tant qu'être humain. Et l'égalité socialiste, dit-on, si et quand elle se réalise, permettra à chaque individu de se libérer de la tyrannie des injustices inhérentes aux hiérarchies. On peut relever à juste titre que le système des castes est une grande force de division et que de le perpétrer met en péril l'esprit d'unité, d'harmonie et d'unicité.

Cette opinion éclairée n'est cependant pas encore devenue assez puissante pour éradiquer le système des castes. Elle n'a pas non plus encore réussi à développer une structure alternative qui puisse non seulement assurer la liberté individuelle, mais aussi éliminer les injustices commises par des individus et des groupes dominateurs qui se perpétuent sur la base de leur histoire passée, du hasard de la naissance et de l'exploitation de la noble idée de l'individualisme à de mauvaises fins. Et cette opinion éclairée n'a pas non plus encore découvert ou inventé un système social dans lequel on peut jouir réellement de l'égalité sans qu'elle soit constamment mise en danger par une mécanisation, une dépersonnalisation et une déshumanisation croissantes. Elle n'a pas encore découvert l'alchimie par laquelle la fraternité universelle peut correctement se pratiquer à la fois dans la vie intérieure et extérieure. Cette opinion éclairée doit donc encore se développer, et dans ce processus de croissance, les secrets des anciens concepts indiens du travail en relation avec le *dharma* peuvent s'avérer extrêmement utiles.

II

Le système des castes a souvent tendance à se défendre en jouant sur la confusion qui existe entre lui et l'ancien système de *chaturvarnya* et il s'arroge les idées profondes de *kartavyam karma*, *niyatam karma*, *sahajam karma*, *swabhavajam karma*, et même les idées plus profondes de *swabhava* et de *swadharma*. C'est par cette usurpation qu'il propose de se perpétuer et de se présenter comme la juste expression des concepts indiens de *dharma* et de *karma*. Mais il faut souligner que le système des castes est tout à fait différent de l'ancien système de *chaturvarnya* et qu'il doit être considéré comme une dégénérescence, une désintégration ultérieure et une parodie grossière et dénuée de sens de l'ancien système.

La théorie de l'ancien système de *chaturvarnya* partait du principe que chaque individu possédait en lui une nature particulière, provenant d'un élément de la nature divine et le reflétant. En outre, elle supposait que l'être humain se divisait en quatre types de qualités et de fonctions, le *guna karma*. Il y a tout d'abord l'homme de connaissance, d'étude, de pensée ; ensuite, l'homme de pouvoir et d'action, le dirigeant, le guerrier, le chef, l'administrateur ; en troisième lieu, l'homme économique, le producteur ou le créateur de richesses, le commerçant, l'artisan et le cultivateur ; enfin, l'homme de travail et de service. L'ordre économique de la société se moulait sur la forme et la gradation de ces quatre types ; même la culture éthique et psychique de la société était conçue sur le modèle de l'ordre quadruple, qui créait le cadre de la formation de chaque individu selon sa nature prédominante, ou *swabhava*. Mais la justification la plus profonde de cet ordre quadruple était de nature spirituelle. Le système tout entier soulignait que le développement intellectuel, éthique et spirituel de l'individu était le besoin central de la race ; la vie individuelle et sociale devait être organisée de telle sorte que le travail que l'on attendait de l'individu soit en accord avec sa nature profonde, *swabhava*, qui elle-même tirait son origine d'une substance et d'un pouvoir spirituels encore plus profonds. La règle et la loi du développement de cette nature intérieure, le *dharma*, guidaient la croissance de l'individu, et le travail qu'il accomplissait était censé servir de matériau à l'expérience et à l'expression de soi, et de moyen pour la découverte et réalisation de lui-même. Les lois de la société et les lois du développement individuel étaient en harmonie dans le *dharma*. Le *karma*, ou l'action, était compris non pas comme un travail à accomplir simplement pour assurer la subsistance économique de l'individu ou de la société, mais surtout comme un moyen de croissance intérieure des facultés, des pouvoirs, de la personnalité et des processus de connaissance et d'accomplissement de soi.

Le *karma* vint donc à être compris comme *niyatam karma*, action régulée par le processus de développement de soi, *swabhava*, et la loi du développement de soi, *swadharma* ; le *karma* ou l'action vint à être compris comme *sahajam karma*, action qui naît de soi-même, le soi le plus profond ; le *karma* vint à être compris comme *swabhavajam karma*, action née de sa nature la plus profonde et de son devenir. D'un autre côté, *vikarma* était compris comme une action opposée à la nature de l'individu et à sa propre loi de développement personnel, contraire au *swabhava* et au *swadharma*. Et *akarma* signifia un état qui se situe au-dessus des actions, qui n'y est pas attaché, un état semblable celui de la feuille de lotus sur la surface de laquelle glissent des gouttes d'eau sans qu'elle soit mouillée. Car il était reconnu que l'action a son origine ultime dans ce que la *Bhagavad-Gîtâ* appelle le *Purushottama*, le *Purusha* suprême, qui est à la fois *akshara* et *kshara*, l'immobile et le mobile, celui qui reste *akarmi*, au-dessus de l'action et non touché par elle, même en manifestant, contrôlant et gouvernant les milliards et les trillions de forces en action. Le *karma*, tel qu'il est compris dans la *Bhagavad-Gîtâ*, est un instrument qui permet à l'individu de s'élever de la ronde des qualités ou modes d'être ordinaires – inertie, dynamisme fiévreux ou lumière et harmonie – *tamas*, *rajas* et *sattva* – par une ascension croissante et progressive, afin d'atteindre à l'état simultané d'*akshara* et de *kshara*, d'immobilité et de mobilité, mais tous deux libérés des trois qualités, ou *gunas*, de *sattwa*, *rajas* et *tamas*. L'idéal à atteindre à travers le *karma*, l'action, est d'être un canal entièrement passif pour le passage libre et sans entrave de la volonté divine. Tout cela, et bien plus encore, était sous-entendu lorsque Sri Krishna annonçait que l'ordre quadruple de la société était une création divine, sur la base de la qualité et de l'action, *guna* et *karma*. Cela impliquait que l'individu pouvait envisager des différentes étapes de son développement utilisant *guna* et *karma* pour atteindre la source divine.

Les conseils que nous donne la *Bhagavad-Gîtâ* à propos de ce sujet essentiel peuvent s'énoncer en trois affirmations :
- Les actions doivent partir de l'intérieur de l'homme, car chaque action a en elle quelque chose qui est propre à cet homme, quelques principes caractéristiques et un pouvoir venant de sa propre nature à lui. C'est la puissance efficace de son esprit qui crée la forme dynamique de son âme dans la nature, et son travail, son véritable *karma*, est de l'exprimer, de la perfectionner par l'action, et de la rendre efficace dans ses capacités, sa conduite et sa vie. Cela l'oriente vers la bonne manière de vivre intérieurement et extérieurement et constitue le bon point de départ pour un développement ultérieur.
- Deuxièmement, il existe globalement quatre catégories de nature, chacune ayant sa fonction caractéristique et sa règle idéale de travail et de caractère. La catégorie indique le domaine approprié d'un homme et doit tracer pour lui son juste cercle de fonction dans son existence sociale extérieure.
- Et troisièmement, tout travail accompli par un individu, s'il est fait

conformément à la loi de son être, à la vérité de sa nature, peut être tourné vers Dieu et devenir un moyen efficace de libération et de perfectionnement spirituels.

Il ne faut pas croire que l'ordre quadruple de la société était propre à l'Inde, bien que son caractère culturel, éthique et spirituel fût unique. L'ordre quadruple se développa aussi à un certain stade de l'évolution sociale dans d'autres sociétés anciennes et médiévales, avec certaines distinctions. On peut également noter que partout l'ancien système s'effondra pour laisser place à une organisation plus fluide. En Inde, cet ancien système se disloqua ; il laissa place à la confusion, à une rigidité sociale complexe, à une stagnation économique, et dégénéra en un chaos de castes. Pourtant, aucune société ne peut fonctionner sans l'ordre quadruple, puisque toute société a besoin de ces quatre fonctions et de ces quatre types d'individus pour remplir ces fonctions. Même si l'on pouvait créer une société purement productive et commerciale telle que les temps modernes l'ont tenté, il y aurait des penseurs qui s'efforceraient de trouver la loi, la vérité et la règle directrice de la société, des capitaines et des chefs qui utiliseraient l'activité productive comme une excuse pour satisfaire leur besoin d'aventure, de bataille, de pouvoir et de domination, il y aurait de nombreux hommes purement productifs et créateurs de richesses, et enfin, des travailleurs moyens ayant besoin d'un minimum de labeur et d'une rémunération pour ce labeur. Cela montre qu'il y a une certaine vérité inhérente à l'ordre quadruple, même si le cadre dans lequel cette vérité s'exprime peut ne pas être adéquat et, par conséquent, susceptible de dégénérer, d'être perturbé ou déformé.

Il faut se demander si ce concept d'ordre quadruple a un sens et une utilité quelconque pour la reconstruction sociale ou s'il doit être revu et reformulé pour répondre à la nécessité contemporaine d'élaborer un nouvel ordre social. En tout cas, il est impératif d'étudier ce problème car l'Inde a atteint un stade de développement où, d'une part, la vague moderne de liberté, d'égalité et de fraternité a déjà modifié le cadre de vie économique, commerciale et politique et où, d'autre part, le système des castes persiste et cherche à se perpétuer en invoquant le concept plus profond de *dharma* et de *karma*, qui avait conduit à la formation de l'ancien système de *chaturvarnya*.

Les avantages du cadre moderne de la société, où chaque individu est censé remplir certaines obligations qui ne sont pas spécifiques à un type particulier de personnes appartenant à un secteur de l'activité humaine, mais qui sont communes à tous les secteurs de la vie et dans tous les principaux départements des activités humaines, sont notamment les suivants : ce cadre contribue à promouvoir une plus grande solidarité, unité et plénitude dans la vie de la communauté ; il favorise également un développement plus complet de l'être humain, par opposition aux divisions sans fin et à l'hyper spécialisation, ainsi qu'au rétrécissement et aux contraintes artificielles de la vie de l'individu auxquelles le système indien avait fini par aboutir.

D'un autre côté, l'ancien système de *chaturvarnya* avait obtenu trois bénéfices importants. Tout d'abord, son objectif principal était de minimiser l'incidence de la guerre. Dans ce but, il limitait l'obligation militaire à la classe restreinte qui, de par sa naissance, sa nature et sa tradition, était destinée à cette fonction : pour elle la guerre était le moyen naturel de se développer, d'épanouir son âme dans les qualités de courage, de force disciplinée, de disposition à secourir, de noblesse chevaleresque, qualités auxquelles la vie de guerrier menée avec l'exigence d'un idéal élevé offre un champ et des opportunités. Le reste de la communauté était par tous les moyens protégé du massacre et des atrocités.

Le deuxième avantage de ce système était que la vie était hissée à un niveau où les aspirations n'étaient pas strictement économiques, bien que les activités économiques du *vaishya* eussent été concentrées sur la prospérité personnelle ainsi que sur la prospérité sociale. Et même si tous les membres de la société pouvaient s'intéresser à la richesse, à la produire et à l'amasser, on encourageait les *brahmanes*, les *kshatriyas* et les *shudras* à placer la motivation économique au second plan par rapport aux motivations appropriées à la fonction et au type de qualités reconnues comme leur étant propres. Cela a également aidé à ce que soient conservés *artha* et *kama* en tant que parties importantes du schéma du *purushartha* [les quatre buts de la vie], mais cela a mis l'accent sur le contrôle primordial du *dharma* et la poursuite ultime de *moksha*.

Et le troisième avantage de ce système était le soutien et l'aide qu'il apportait pour soulever la culture au-dessus de la barbarie économique et du philistinisme vital et la hisser à des niveaux plus élevés de culture rationnelle, éthique et esthétique, ainsi qu'à des niveaux encore plus élevés de culture religieuse et spirituelle.

III

Notons les principaux stades par lesquels est passé l'ancien système de *chaturvarnya*. Selon la théorie indienne, ce système était basé sur le principe des différents types, et celui-ci ne convient ni aux périodes des plus hautes réalisations de l'humanité, ni aux époques de ses plus faibles possibilités. Ce n'est ni le principe de l'âge idéal, celui de la vérité parfaite, le *satya yuga* ou *krita yuga*, dans lequel l'être humain agit en accord avec une réalisation très haute et très profonde des possibilités divines, ni celui de l'âge de fer, le *kali yuga*, dans lequel l'être humain tombe dans une vie d'instincts, d'impulsions et de désirs, et rabaisse la raison au niveau d'un serviteur de la vie inférieure. L'ordre typique est le principe approprié pour les âges intermédiaires du cycle humain où l'on tente de maintenir une forme imparfaite de la vraie loi, du *dharma* – par la volonté et la force de caractère dans l'âge du *treta*, et par la loi, l'arrangement et la convention fixe dans celui du *dwapara*. Par conséquent, on dit que *Vishnu* est le roi dans le *treta*, mais dans le *dwapara*, il devient l'arrangeur et le codificateur de la connaissance et de la loi. Dans ces âges intermédiaires, le principe d'ordre peut se réfugier dans une perfection limitée, supprimant certains éléments pour en perfectionner d'autres.

Nous pouvons avancer qu'il y eut un stade où le cadre de l'ordre quadruple ne s'était pas cristallisé. Il y eut aussi une période où il y avait une rivalité entre les *brahmanes* et les *kshatriyas* pour la suprématie. Mais lorsque l'ordre quadruple s'est cristallisé et a été pratiqué avec un certain niveau d'idéal, les facteurs importants pour déterminer le *varna* d'un individu étaient sa capacité intellectuelle, son type de tempérament, sa nature éthique et sa stature spirituelle. Dans le *guna karma vibhagashah*, comme le dit la Bhagavad-Gîtâ, la division était fondée sur la qualité et le travail. Avaient été mis en place une règle pour la vie familiale, un système d'observance individuelle et de travail sur soi, un système d'éducation et de formation qui faisait ressortir ces éléments essentiels et les formulait. L'individu était soigneusement formé aux capacités, aux habitudes et aux accomplissements, et était habitué au sens de l'honneur et du devoir nécessaires à la réalisation de la fonction qui lui était assignée dans la vie. L'individu concerné était soigneusement armé de la science des choses qu'il avait à faire, savait la meilleure façon d'y réussir, et savait que c'était par ses capacités et sa nature intérieure qu'il pouvait atteindre la règle la plus haute et une perfection reconnue de ses activités.

C'est à ce stade-là que les grands idéaux sociaux se sont construits et qu'une grande importance a été accordée à l'idée d'honneur social. L'honneur du *brahmane* résidait dans la pureté, la piété, une haute vénération pour les choses du mental et de l'âme, et une recherche exclusive et désintéressée pour l'apprentissage et la connaissance. L'honneur du *kshatriya* était fondé sur le courage, les qualités chevaleresques, la fière retenue et la maîtrise, la noblesse de caractère et ce à quoi elle oblige. L'honneur du *vaishya* exprimait la droiture dans les affaires, l'honnêteté commerciale, une production de qualité, l'ordre, la libéralité et la philanthropie. Pour finir, l'honneur du *shudra* consistait en l'obéissance, la subordination, le service fidèle et l'attachement désintéressé. Ce système était soutenu par l'*ashram vyavastha* et par l'idée du *purushartha* quadruple, qui visait à une jouissance régulée d'*artha* et de *kama* sous la direction du *dharma* avec la recherche ultime de la libération spirituelle, *moksha*. L'*ashram vyavastha* était fondé sur la compréhension psychologique des besoins de la personnalité humaine, différents à différents stades de la vie, et il fournissait des conseils à chacun sur la meilleure façon de répondre à ces besoins afin que les fins ultimes de la vie spirituelle se réalisent sur une base solide de croissance progressive.

Mais ces idées et ce sens de l'honneur sont progressivement devenus une question de convention. En fin de compte, lorsque le stade typique est passé complètement au stade conventionnel, ces nobles choses sont devenues une tradition théorique plutôt qu'une réalité de la vie. Au stade conventionnel, les supports extérieurs, les formes extérieures devinrent plus importantes que l'idéal. Le corps, ou même le vêtement, en vint à être considéré comme plus important que la personne.

Au début, la naissance ne semble pas avoir été de première importance dans l'ordre social. Mais par la suite, dans le stade conventionnel, on en vint à considérer le fils d'un *brahmane* comme un *brahmane*, la naissance et la profession formant ensemble la double attache des conventions héréditaires. La préservation des qualités psychologiques et éthiques perdit la primauté et n'eut plus qu'une importance de second, et même de troisième plan. Elle cessa même d'être indispensable, et on finit par s'en passer comme d'une fiction décorative. A l'apogée de la période économique du système des castes, le prêtre et le pandit s'appelaient *brahmane*, le baron rétrograde et féodal prospérait sous le nom de *kshatriya*, le commerçant et le faiseur d'argent s'enrichissaient sous le nom de *vaishya*, et le travailleur affamé, le serf économique souffraient sous le nom de *shudra*.

Finalement, même la base économique commença à se désintégrer. La naissance, la famille, la coutume, devinrent les maillons essentiels du système, avec toutes sortes de déformations, d'additions de rituels nouveaux et de signes religieux fantaisistes ou dépourvus de sens. Le système des castes de l'âge du fer battit son plein. La décrépitude du vieux système avait commencé, et ce qui restait était un nom, une coquille vide qui doit être dissoute par un nouvel accent mis sur la perfectibilité individuelle ; sinon il continuera fatalement à affecter la société l'affaiblissant et la faussant. Tel est le dernier et actuel état du système des castes en Inde.

À ce stade, il apparaît que l'Inde peut utiliser avec profit les idéaux occidentaux de liberté, d'égalité et de fraternité, si elle les examine avec une compréhension plus profonde. Ils sont arrivés en Inde sous des formulations imparfaites et à des stades d'expérimentation inachevés. Tels qu'ils sont, on doit les formuler de manière plus adéquate et les expérimenter avec une plus grande sagesse, et cela devrait être la tâche de tous ceux qui sont désireux de clarifier la confusion et de reconstruire la vie de l'Inde sur de nouvelles lignes, non pas en abandonnant le riche et précieux héritage de l'expérience spirituelle, éthique et culturelle, non pas non plus en abandonnant les leçons du *dharma* et du *karma*, mais en tirant des vérités plus profondes de cet héritage et en développant de nouvelles connaissances et une base nouvelle de sagesse.

L'idéal de liberté est fondamentalement un idéal d'autodétermination individuelle et son message est en accord avec l'idée indienne de soulever l'individu au-dessus des nécessités mécaniques qui emprisonnent, vers les sommets de la liberté spirituelle, de l'intégrité individuelle et de la plénitude individuelle, lesquelles peuvent contenir à la fois la réalité universelle et transcendante. L'idéal d'égalité est l'idée de mutualité et d'harmonie, et son message est de rétablir une équation saine entre l'individu et l'individu, et entre l'individu et la collectivité. Il nous appelle à nous éveiller à la vision d'une seule réalité sous-jacente qui peut harmoniser la diversité en unité. Il est en accord avec l'ancienne vision indienne du *samam brahma*, le *Brahman* égal, et il nous dit que lorsque cette vision est introduite de façon pratique dans tous les aspects de notre vie dynamique, nous pouvons faire naître le véritable règne de l'harmonie. Et l'idéal de fraternité permet de réaliser à la fois la liberté et l'égalité, en les extrayant toutes deux de leurs oppositions, et il leur fournit à toutes deux l'alchimie de la réalisation vivante. Son message n'est autre que le message védique, qui appelle tout le monde à se déplacer ensemble et à communier dans une association commune, une camaraderie et une fraternité, *samgacchadhvam samvadadhvam*. Ces trois idéaux sont tout à fait aptes à s'harmoniser avec les idéaux éthiques et spirituels indiens, et ils peuvent être entièrement accueillis et inclus dans le nouveau cadre qui est en train de se former pour la reconstruction sociale.

D'autre part, on doit extraire l'essence des vérités du système de *chaturvarnya* et on peut même les approfondir, les rehausser et les enrichir. Des indications et des indices sont déjà disponibles dans l'expérience indienne. Lorsqu'il est bien compris, le *Purusha Sukta*, souvent cité à l'appui du *chaturvarnya*, nous donne la vérité sous-jacente de l'intégralité des quatre qualités divines. La description de la divinité créatrice, dont la bouche, les bras, les cuisses et les pieds sont censés avoir donné naissance aux quatre ordres, n'est pas une simple image poétique. Pour le poète védique, le corps du créateur était plus qu'une image, il exprimait la réalité divine. Pour lui la société humaine était une tentative pour exprimer le *Purusha* cosmique dans la vie. L'homme et le cosmos étaient tous deux des symboles et des expressions de la même réalité cachée. Cette image exprime le divin comme *l'intégralité* de la connaissance, du pouvoir, de l'harmonie et de l'habileté. Et bien qu'à ce stade typique de la civilisation humaine, ces quatre pouvoirs se soient développés chacun un peu indépendamment des autres, ils ne sont pas vraiment indépendants les uns des autres. L'intégralité du divin ne peut être exprimée pleinement que lorsque ces quatre pouvoirs sont développés en combinaison et dans leur mutualité : si on comprend cela correctement et qu'on l'applique bien, il est facile de voir dans quelle nouvelle direction pourra se reconstruire la société indienne. Il n'est pas nécessaire d'abandonner les idées profondes des buts éthiques et spirituels qui sont à la base du *chaturvarnya*. Seulement l'accent mis sur l'indépendance relative des quatre pouvoirs de la personnalité devra être harmonisé avec les exigences de leur intégralité. Chaque individu devra être développé et éduqué de telle sorte que, tout en bénéficiant d'une prédominance de la connaissance, du pouvoir, de l'harmonie ou de l'habileté, chacun de ces quatre pouvoirs puisse être équilibré avec les autres et que tous puissent être intégrés. L'émergence d'un nombre croissant d'individus, incarnant les quatre pouvoirs de la personnalité et exprimant tous l'intégralité de la perfection, leur divinité intégrale, éviterait la nécessité d'une stratification sociale et d'une division de la société en castes ou en classes. Plus la perfection de l'individu sera grande, plus le besoin de perfection de la société sera grand, et cela ne peut que culminer dans le fonctionnement de la loi idéale du développement social, où l'individu et la société grandissent tous deux de l'intérieur et s'entraident dans leur croissance progressive pour accroître harmonie et unité. Un tel développement s'harmoniserait parfaitement avec les principes de liberté, d'égalité et de fraternité.

La *Bhagavad-Gîtâ*, elle aussi, semble indiquer le chemin d'un développement ultérieur du *dharma* dans une telle direction, pour qu'on atteigne à un *dharma* supérieur dans la liberté et l'intégrité complètes de l'expression du divin dans l'individu et dans la société, même s'il faut abandonner tous les *dharmas*. En mettant en avant cet indice provenant de la *Bhagavad-Gîtâ*, Sri Aurobindo conclut dans son *Essai sur la Gîtâ* en ces termes :

« Alors, de même que nous dépassons la limitation des trois gunas, de même dépassons-nous aussi la division de la loi quadruple et la limitation de tout dharma distinctif, *sarva-dharmân parityajya*. L'Esprit se charge de l'individu dans le swabhâva universel, parachève et unifie l'âme quadruple de la nature en nous et en exécute les œuvres spontanément déterminées selon la volonté divine et le pouvoir accompli de la divinité dans la créature.

Notre travail doit se conformer à la vérité qui est en nous, et non pas être un compromis avec les normes extérieures et artificielles : ce doit être une vivante et sincère expression de l'âme et de ses pouvoirs innés. Suivre la vérité vivante et la plus intérieure de cette âme en notre nature présente nous aidera en effet à parvenir finalement à l'immortelle vérité de la même âme en la nature suprême et maintenant supraconsciente. Nous pouvons y vivre en unité avec Dieu, avec notre vrai moi et avec tous les êtres et, rendus parfaits, devenir des instruments sans défaut de l'action divine dans la liberté de l'immortel Dharma. »[1]

---

1. Sri Aurobindo : *Essai sur la Gîtâ*, Deuxième édition, pp. 327-328.

Le message de la culture indienne

I

Les dates exactes de l'antiquité de l'histoire indienne sont difficiles à déterminer, mais les documents les plus anciens de cette histoire nous parviennent avec, étonnamment, presque autant de précision que lorsqu'ils furent composés en ces temps anciens. Ils sont volumineux et consistent en quatre anthologies ou collections. Leur nom générique est Véda, ce qui signifie littéralement «livre de la connaissance». Il existe quatre Védas: le Rig-Véda, le Yajur-Véda, le Sama-Véda et l'Arthava-Véda. Nous n'allons pas nous attarder sur le contenu de ces ouvrages, mais si l'on veut en donner une idée globale, on peut la résumer en disant qu'ils insistent sur la recherche de la vérité, et de la vérité totale. Ils déclarent que la vérité peut être découverte, que la découverte de cette vérité donne un sens à la vie humaine et que la vie humaine n'acquiert de finalité que lorsque la vérité est pratiquée dans toutes les circonstances de la vie, même si cela peut signifier des combats avec la contre-vérité, le mensonge et l'ignorance.

Le message va encore plus loin et déclare que la première tâche de l'être humain est de devenir réellement humain. Ce n'est cependant qu'une étape transitoire, car notre destin ultime est de transcender toutes les limites du mensonge, de la servitude, de l'incompétence et de la souffrance. S'élever de l'humain au divin est, selon les Védas, l'effort le plus élevé et il doit être poursuivi, non pas arbitrairement ou occasionnellement, mais à fond et avec cette rigueur de la découverte et de l'invention scientifiques qui construisent la connaissance à partir de la connaissance. Dans une courte phrase en sanskrit, les Védas déclarent: «*manurbhava, janaya daivyam janam*»: «*Sois d'abord Manu, l'être mental, et ensuite crée l'être divin, l'être de lumière divine.*»

Il s'agit du message pour l'individu. Les Védas proposent également un idéal collectif et enjoignent à tous ceux qui veulent écouter ce message de marcher ensemble, de communier ensemble dans l'harmonie et de parvenir à un mental et à une compréhension commune. L'unité et l'harmonie collectives constituent, selon eux, le but que l'humanité doit s'efforcer d'atteindre.

L'histoire de l'Inde peut se comprendre, dans ses aspects psychologiques internes, comme un grand effort humain pour suivre ces deux idéaux de perfection individuelle et collective.

Par conséquent, le concept qui a grandi et qui a soutenu le progrès de la culture indienne est celui du *dharma*, que l'on traduit à tort par « religion ». En effet, *dharma* signifie en réalité loi d'ascension, et elle a trois applications : constante et pour tous, temporelle pour les nations et les collectivités plus petites, et variable pour chaque individu. La loi constante d'ascension est déterminée par la descente de l'idéal de la perfection éternelle. Cet idéal est appelé, en sanskrit, Sanatana Dharma, car il est immuable et exerce la pression incessante de la réalité immortelle. Mais il existe aussi la loi de l'ascension déterminée par l'aspiration des nationalités, des collectivités et des individus. Cette loi est temporelle et variable. Elle varie selon les étapes de la libre croissance de l'aspiration. En sanskrit, on l'appelle Rashtra Dharma et Swadharma. La relation subtile et complexe entre cette loi constante et ces mouvements temporels et variables était le secret du contenu éthique et spirituel de la culture indienne. Et c'est la cause sous-jacente de la continuité de cette culture, qui étonne et déconcerte les historiens.

II

D'une manière générale, la culture indienne est passée par trois étapes importantes, et nous entrons aujourd'hui dans la quatrième. La première étape couvre une longue histoire allant d'une antiquité indéterminée jusqu'à 600 av. J.-C., au cours de laquelle une structure équilibrée de la société et de la vie humaine s'élabora selon les idéaux présentés dans les Védas. Dans les anciennes Upanishads et dans les épopées, toujours vivantes, du Ramayana et du Mahabharata, nous avons des aperçus de cette société et de ses idéaux, de son héroïsme et de sa loi d'harmonie et de dharma. C'est à ce moment-là que le peuple indien, qui s'étendait sur tout le territoire, du nord de l'Himalaya au sud de l'océan Indien, créa une culture commune.

La deuxième période couvre une longue période, allant à peu près de 600 avant J.-C. à 800 après J.-C., période au cours de laquelle le bouddhisme fit son apparition. Tandis que les anciens éléments continuaient à vivre et même à se développer, l'Inde fit l'expérience de nouveaux éléments. De grandes expériences furent menées en matière de démocratie et de monarchie démocratique, et le premier royaume impérial de l'Inde, sous la direction de Chandragupta Maurya et de son maître et Premier ministre, Chanakya, se construisit au moment du choc de l'invasion d'Alexandre le Grand. L'hindouisme et le bouddhisme s'affrontèrent et s'embrassèrent, entraînant une confusion, mais aussi un enrichissement, une compréhension plus large et une assimilation mutuelle. La spiritualité indienne inspira et soutint l'art, l'architecture, la sculpture, la littérature, la philosophie et divers arts et sciences, à un tel point qu'il n'y a rien dans les domaines culturels qui n'ait pas été tenté et porté à un haut niveau de réalisation.

Quelques invasions venues du nord-ouest marquèrent l'histoire mouvementée de l'Inde du Nord. Ce fut une période de grand essor, mais aussi, à certains égards, le début du déclin, même s'il était lent. Le peuple indien avait vécu et créé avec une énergie inlassable pendant près de 4000 ans et avait traversé l'enfance, le début de l'âge adulte et avait même atteint l'âge adulte. Des signes d'épuisement avaient commencé à apparaître.

Cette période fut suivie d'une troisième, au cours de laquelle les invasions du nord-ouest devinrent fréquentes et une force nouvelle, l'Islam, entra en Inde. Il y eut deux grandes tentatives pour parvenir à une harmonie entre la vieille et puissante culture indienne et la religion et la puissance de l'Islam. Ces deux grands efforts, l'un initié par Guru Nanak et l'autre par Akbar, réaffirmèrent la tendance indienne à la synthèse et à l'harmonie. Une fois encore, alors que cette période fut marquée par l'instabilité politique durant plusieurs siècles, jusqu'à ce qu'Akbar et quelques-uns de ses successeurs insufflent une certaine stabilité, il était clair que de grands meneurs comme Rana Pratap et Shivaji, par leur esprit inflexible et leurs batailles, préparaient la réaffirmation des anciennes valeurs et images indiennes qui avaient le pouvoir de renaître et de resurgir. L'Inde opulente et prospère ne souffrait pas beaucoup, mais à bien des égards, il y avait des signes sérieux de déclin progressif. Les sciences, qui se développaient avec une force et une vitalité extraordinaires, cessèrent soudainement de le faire au XIIIe siècle ; la recherche philosophique se poursuivit, mais pas sur des lignes originales ; si le développement d'un certain nombre de nouvelles langues dérivées des anciennes langues classiques insuffla une nouvelle vigueur au pays, un excès de religiosité, de rituels superficiels et de cérémonies cultuelles commença à obscurcir la véritable motivation spirituelle qui avait été la force inspiratrice de la vitalité indienne.

Les tendances à l'irréligion, à l'égoïsme et à des batailles pour des fins mesquines se multiplièrent. En conséquence, au cours du XVIIIe siècle et au début du XIXe, la culture indienne s'effondra, sans se désintégrer totalement néanmoins.

La flamme spirituelle continuait à brûler même au milieu des ténèbres, qui se firent encore plus épaisses lorsque les Britanniques établirent leur domination. En 1857, cependant, la première guerre de l'indépendance annonçait l'avènement d'un nouvel âge, et la spiritualité indienne se réaffirma.

L'Inde avait commencé à entrer dans sa quatrième phase de développement. Tout d'abord, le mental indien fut obligé de reconsidérer son propre passé à la lumière de la nouvelle situation créée par l'arrivée de la science, de la littérature, de la pensée critique et du travail missionnaire chrétien européens. Bien que la première réaction eût été l'imitation, on assista dans la phase suivante à une réaffirmation de tout ce qui était indien et à une impulsion vers une créativité nouvelle dans le domaine de la spiritualité, de la littérature, de la poésie et de l'art. Bankim Chandra Chatterjee et Tagore d'une part, Dayananda, Ramakrishna et Vivekananda d'autre part, appelèrent de nouveau non seulement au réveil, mais aussi à la création de nouvelles formes de culture sur la base de la motivation et de la puissance originelles de la spiritualité indienne.

La lutte politique pour la liberté prit la forme d'un puissant nationalisme puisant sa force dans l'ancienne culture religieuse et philosophique, et l'idée de liberté nationale fut considérée comme une extension de l'objectif indien de liberté spirituelle. Des millions de personnes se mirent à vénérer l'Inde comme l'éternelle mère, « Mother India ». Inspirés par cette adoration de la Mère Inde, des programmes comme celui de *swadeshi*, de boycott, de résistance passive et d'éducation nationale virent le jour ; le mouvement qui avait commencé avec la minorité dominante se transforma en un mouvement de masse, et l'Inde obtint son indépendance en 1947.

Nous traversons aujourd'hui une nouvelle phase de développement culturel, pleine de promesses d'une véritable renaissance qui, si elle est correctement inspirée et guidée, conservera son âme, c'est-à-dire l'ancienne spiritualité indienne, mais créera également un nouveau corps, de nouveaux courants de vie et d'expression et un puissant intellect capable de la plus haute critique ainsi que d'une nouvelle synthèse des disciplines de la connaissance de l'Orient et de l'Occident, de la science et de la spiritualité. La vie et l'œuvre de Sri Aurobindo, le plus grand philosophe et mystique de notre temps, sont des illustrations de cette promesse et de sa réalisation progressive.

III

Soulignons que le maître mot de l'Inde a toujours été sa spiritualité. Cette spiritualité ne négligeait pas le développement matériel, la création artistique et l'artisanat, les activités de productivité et de prospérité, ni une solide intellectualité. Mais à un stade ultérieur, l'Inde négligea la matière, et tout en continuant à amasser les trésors de l'esprit, elle fit faillite en termes de prospérité matérielle, de vitalité créative et de capacités intellectuelles. De cette grande expérience de la culture indienne, la principale leçon que l'on peut tirer, c'est que la poursuite exclusive du motif spirituel est préjudiciable aux objectifs les plus élevés de la culture. Cette leçon nous apprend également à ne pas abandonner la spiritualité, mais à en développer une plus grande, plus équilibrée et intégrale, qui accepte toute vie et la transforme pour la perfectionner progressivement.

La culture indienne a également mis en évidence certains autres messages importants issus de son expérience culturelle. Le premier d'entre eux est l'affirmation que l'humanité entière est une famille unie, *vasudhaiva kutumbakam*, et qu'en dépit des divisions ou différences, il faut faire des efforts rigoureux pour arriver à la réalisation de l'unité humaine réelle.

Deuxième message que nous transmet l'éthos indien : c'est par l'unité de l'humanité que les problèmes économiques seront finalement résolus. Tant qu'il y aura des rivalités nationales et des relations asymétriques entre les nations, il y aura toujours la crainte du déclenchement d'une guerre, des dépenses énormes pour la défense nationale et beaucoup d'argent public utilisé pour la fabrication et la vente d'armes de destruction. Seule une humanité unie comme une famille peut assurer une paix durable et, par conséquent, une prospérité durable de toutes les nations, riches ou pauvres, avancées ou arriérées.

Le troisième message est que la stabilité économique ne peut être assurée légitimement que lorsqu'il y a partage équitable de la production. L'ancienne culture indienne avait mis en place un système de partage pour la production alimentaire ainsi que pour d'autres éléments de la prospérité, de sorte que dans la vie sociale et économique l'accent était mis sur l'assurance d'un travail pour tous, adapté aux capacités, aux centres d'intérêt et aux besoins de croissance psychologique de chacun ; on organisait les choses aussi de telle sorte que chacun puisse avoir le loisir de se développer intérieurement et de jouir d'une vie simple, mais riche. L'Inde avait également construit une structure et un système remarquables pour incarner cet idéal, et même s'ils peuvent être difficiles à faire revivre, il est sans doute possible de réaffirmer les vérités qui se cachent derrière cette structure et ce système ; on pourrait les incorporer dans de nouvelles structures et de nouveaux systèmes, ceux que l'on essaie maintenant de construire pour la réalisation de trois idéaux progressistes de notre époque, à savoir la liberté, l'égalité et la fraternité.

Le quatrième message est que si l'idée moderne de la démocratie a poussé l'humanité entière à éveiller chaque individu pour qu'il se développe lui-même et atteigne à des pouvoirs d'autodétermination, l'expérience indienne montre que ce n'est qu'à travers des processus d'éducation intégrale que des pouvoirs d'autodétermination plus élevés peuvent être encouragés afin d'unir la loi du développement individuel et la loi du développement social dans un but de perfection individuelle et collective.

Cinquièmement, l'Inde considère que la progression de l'humanité est aujourd'hui à l'arrêt en raison du déséquilibre entre l'immensité de la structure, le développement de la technologie d'une part, et la régression des capacités intellectuelles, éthiques et spirituelles d'autre part. Elle considère en outre que cette crise a atteint un point culminant et qu'elle peut être résolue non pas par un développement accru de moyens extérieurs, mais par une perception intérieure des réalités les plus profondes et par la libération des forces morales et spirituelles.

Enfin, le message indien est que le moment est venu de créer chez les peuples une nouvelle psychologie, afin que les divers instruments de pouvoir, politiques, économiques, sociaux, culturels et religieux, soient utilisés non pas pour la division, l'opposition et la domination, mais pour générer une bonne volonté sans faille et une collaboration sincère.

Nous pouvons également ajouter que si l'Inde doit contribuer à l'avenir de l'humanité, il faudra qu'elle s'acquitte de trois tâches : premièrement, le savoir spirituel ancien contenu dans les Védas et les Upanishads doit être retrouvé dans toute sa splendeur, sa profondeur et sa plénitude. Car c'est dans cette connaissance que se trouve la clé de la solution des problèmes de la crise évolutive d'aujourd'hui, à l'origine des problèmes critiques aux complexités sociales, politiques, économiques et environnementales. La deuxième tâche consiste à canaliser ce savoir dans de nouvelles formes de philosophie, de littérature, d'art, de science et de connaissance critique. La troisième tâche est de formuler une plus grande synthèse d'une société spiritualisée, tâche qui est la plus difficile et pourtant la plus urgente et impérative.

Pour accomplir ces trois tâches, nous, qui appartenons à l'Inde, devons jouer le rôle de porte-drapeau. L'Inde invite tous ses enfants à se tourner vers son âme et son pouvoir et à générer une nouvelle dynamique d'action pour transformer le monde de confusion et de désordre en un nouveau monde de sagesse éclairée et d'ordre idéal et harmonieux.

Les Éditions **Discovery** est un éditeur multimédia dont la mission est d'inspirer et de soutenir la transformation personnelle, la croissance spirituelle et l'éveil. Avec chaque titre, nous nous efforçons de préserver la sagesse essentielle de l'auteur, de l'enseignant spirituel, du penseur, guérisseur et de l'artiste visionnaire.

www.ingramcontent.com/pod-product-compliance
Lightning Source LLC
Chambersburg PA
CBHW011600170426
43196CB00037B/2913